MON CAHIER
DÉFI VOYAGE SOLO

MARIE LE DOUARAN

ILLUSTRATIONS
DOROTHÉE JOST (INTÉRIEUR)
ISABELLE MAROGER (COUVERTURE)

SOLAR EDITIONS

SOMMAIRE

Introduction

Ah, l'aventure ! Imaginez un peu les grands espaces, les paysages paradisiaques, les couchers de soleil magiques, et surtout… absolument personne pour vous embêter. Sur les réseaux sociaux, vous voyez de plus en plus de profils consacrés à des voyageuses solitaires… Vous avez peut-être, dans votre entourage, des filles qui ont déjà tenté une escapade en solo. Alors, pourquoi pas vous ?

Entre les vols longue distance et les trains à grande vitesse, les tarifs *low cost* sur Internet et les guides sur les destinations du monde entier, il est devenu hyper facile de voyager ! Quasiment tout se réserve en quelques clics. Oui, mais… Partir seule n'est pas forcément une mince affaire ! Quand on évoque le voyage en solo, on pense souvent au défi, comme quelque chose d'à la fois excitant et effrayant. Et c'est vrai !

Si vous tenez ce *Cahier Défi voyage solo* entre les mains, c'est que l'idée vous tente. Vous souhaitez vous concentrer sur vous-même le temps de ces vacances. Vous n'avez pas envie d'attendre que quelqu'un vous accompagne, vous voulez vous immerger dans la culture et la vie locale, et avoir la fierté de dire : « Je l'ai fait toute seule ! » Alors, foncez !

Grâce aux témoignages de « solo traveleuses », vous découvrirez dans ce cahier comment vous sentir sereine dans cette aventure. Eh oui, être une fille seule dans un pays dont on ne connaît ni la langue ni la culture peut s'avérer inquiétant : comment éviter les lieux peu sûrs ? Quelle attitude ou tenue adopter en fonction des pays ? Comment réagir en cas d'agression ? Vous ferez le plein de conseils pour partir sans danger, mais aussi pour choisir la bonne destination ou réussir votre bagage sans qu'il vous casse le dos. En bref, vous aurez tous les indispensables.

Que vous soyez attirée par une capitale européenne ou par le bout du monde, par une courte escapade ou par un séjour de plusieurs mois, vous trouverez aussi dans ce cahier des idées de voyages à la carte et toutes les astuces et bonnes idées pour façonner le voyage qui vous ressemble ! Prête à réserver vos billets ?

Test : Quelle voyageuse êtes-vous ?

Voyager seule, vous y pensez souvent et certains récits vous font rêver… Mais êtes-vous prête à franchir le pas ? Voyons quel type de voyage est fait pour vous.

Dans vos rêves les plus fous, à quoi ressemble votre voyage en solo ?

● Six mois passés à visiter plusieurs pays.
■ À un idéal : bon timing, bonne destination, zéro galère…
♦ Des paysages sublimes pour en prendre plein les yeux.
★ Pour bien se passer, il doit être bien organisé.

Quelle sera votre destination ?

● L'Asie du Sud-Est ou l'Australie pour barouder.
■ Un lieu dont je rêve depuis longtemps.
♦ Le Japon et ses villes bouillonnantes.
★ Une capitale européenne, sûre et facile d'accès.

Votre activité favorite en voyage…

● Aller à la rencontre des gens et d'une autre culture.
■ Prendre du temps pour moi.
♦ Prendre des photos de tout, tout le temps.
★ Feuilleter mon guide pour concocter le meilleur itinéraire.

Vous avez envie de partir seule…

● Pour changer du quotidien.
■ Pour vivre une expérience unique.
♦ Pour avoir un truc dingue à raconter !
★ Pour me prouver que j'en suis capable.

Qu'est-ce que vous craignez le plus dans cette aventure ?

● De ne pas découvrir assez de choses ou de gens parce que je suis seule.
■ De ne pas apprécier ce voyage en solo.
♦ De ne partager cette expérience avec personne.
★ De me faire voler ou agresser.

Si vous vous sentez en insécurité…

● Je me fie à mon instinct pour m'en sortir.
■ Je rebrousse chemin.
♦ J'appelle à l'aide.
★ Je panique rapidement, donc j'espère que ça n'arrivera pas.

Vous avez envie de vous organiser…

● Au minimum, je verrai une fois sur place, ça pimente l'aventure.
■ De façon à savoir si cela me correspondra bien.
♦ Assez pour ne rater aucun endroit important.
★ Au maximum, pour éviter toutes les mauvaises surprises.

Votre indispensable en voyage…

● Une lampe frontale et du papier toilette.
■ Votre carnet de voyage, pour noter toutes vos impressions.
♦ Votre appareil photo connecté à votre smartphone.
★ Passeport, visa et check list en double !

Une fois arrivée à destination, qu'est-ce qui pourrait vous manquer ?

- ● Pas grand-chose, je trouverai ce qui me manque sur place.
- ■ De l'assurance, pour en profiter.
- ♦ De la compagnie, pour partager.
- ★ Internet, pour tout checker et planifier.

Partager votre voyage, c'est…

- ● Essentiel, avec les personnes que vous croisez sur place.
- ■ Prévu, par bribe, à votre retour.
- ♦ Indispensable au quotidien.
- ★ Rassurant pour les personnes restées en France.

Pour vous, la solitude…

- ● Ça se comble facilement en rencontrant des gens !
- ■ Ça permet de se concentrer sur soi.
- ♦ Ce n'est pas mon truc, heureusement que le smartphone existe !
- ★ C'est inconfortable. Il est toujours rassurant d'être bien entourée.

Pour vous, une voyageuse en solo c'est…

- ● Quelqu'un qui aura des bons plans sur place.
- ■ Vous, demain, si vous trouvez la bonne destination.
- ♦ Une copine potentielle.
- ★ Une fille vraiment courageuse.

Faites vos comptes !

●	■	♦	★

Vous avez une majorité de ● : *Vous êtes une voyageuse aventurière !*

Soyons claires, partir au bout du monde, ça ne vous fait pas peur ! La débrouillardise, pour préparer le voyage, faire entrer un maximum de choses dans votre sac à dos ou trouver où dormir une fois sur place, ça vous connaît. Vous aimez bouger, faire des rencontres, il vous faut de l'adrénaline ! Vous êtes à deux doigts de booker un voyage en solo, vous y pensez depuis très longtemps. Oui, mais… Vous craignez peut-être de ne pas rencontrer de gens qui partagent vos affinités, de ne pas trouver d'activités sur place qui vous satisferont… bref, de vous ennuyer un peu. Il vous faut une destination qui propose un maximum d'activités. Rassurez-vous, une fois les premières heures de dépaysement passées, vous devriez être comme un poisson dans l'eau. Et ce voyage sera formidable !

Vous avez une majorité de ■ : *Vous êtes une voyageuse perfectionniste.*

Voyager seule, vous en rêvez ! Vous avez envie de pouvoir dire « je l'ai fait toute seule » et d'en être fière. Ce voyage, ce sera peut-être le voyage de votre vie… Mais vous ne l'avez encore jamais planifié, vous avez toujours trouvé mille choses à faire avant et vous n'avez

pas envie de partir sur un coup de tête. En clair, vous attendez un déclic ! Ne vous inquiétez pas, il arrivera : un peu de temps entre deux boulots, l'envie de vous engager pour un projet solidaire… Le moment venu, vous saurez saisir l'occasion en vous fiant à votre instinct : « C'est maintenant ou jamais ! » Restez à l'écoute de ce qui vous plaît vraiment : un stage de yoga en Inde, un projet de construction d'école en Afrique… Les occasions existent, à vous de saisir la vôtre !

Vous avez une majorité de ♦ :

Vous êtes une voyageuse connectée (et avez peur de la solitude).

Vous adorez entendre des récits de voyage en solitaire, du week-end à Lisbonne au tour du monde à vélo ! Vous adorez lire des blogs de voyage et suivre des comptes Instagram qui relatent ces aventures, et vous aimez partager vos escapades. Quand vous faites une réservation, vous vous assurez que la connexion Internet est fiable, les restaurants indiquant « free wifi » vous font toujours de l'œil et les paysages « instagrammables » sont vos préférés ! Même si ce projet de voyage en solo vous tient à cœur, vous n'êtes pas super fan de la solitude. Heureusement, voyager en solo, ça ne veut pas forcément dire être coupée du monde ! Il vous faut simplement une destination qui vous corresponde, avec du wifi !

Vous avez une majorité de ★ : **Vous êtes une voyageuse trouillarde (et craignez de ne pas savoir vous débrouiller).**

Vous avez bien un projet de voyage en solo, mais ce n'est pas tant la solitude qui vous inquiète que… tout le reste ! Est-ce que vous aurez le courage de parler aux gens ? Est-ce que vous saurez vous débrouiller à l'hôtel ou dans le taxi ? Est-ce que ça ne craint pas d'être toute seule ? Est-ce que vous pourrez acheter sur place ce qu'il vous manque ? Des tonnes de questions vous taraudent et vous ont jusque-là empêchée de mener à bien votre projet. Pas de panique : vous trouverez de très nombreuses astuces dans ce cahier, et vous n'aurez plus qu'une envie : vous lancer ! Le voyage en solo n'est pas réservé aux baroudeuses qui n'ont peur de rien, heureusement. Votre voyage va booster votre confiance en vous, et toutes ces petites trouilles s'effaceront une à une… Pourquoi ne pas commencer par un séjour très court, de deux ou trois jours ?

Chapitre 1

Partir en solo, pour quoi faire ?

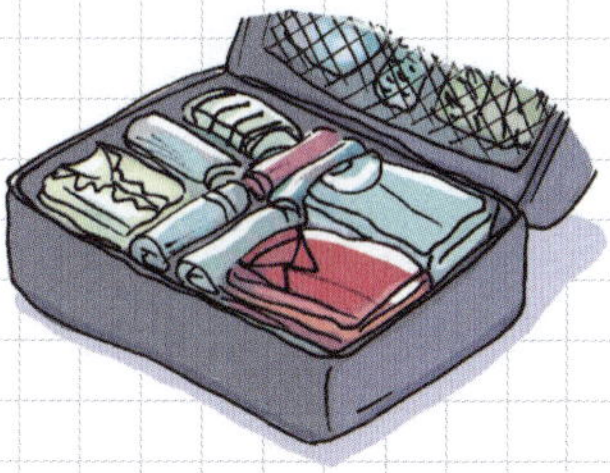

À quoi bon partir toute seule ? Est-ce que ça ne vaut pas le coup de convaincre une copine de vous accompagner ? C'est vrai, ça : quels sont les bénéfices d'un voyage en solo ? Chaque voyageuse aura sa propre réponse, mais une chose est sûre : mieux vaut voyager seule que mal accompagnée. Et si vous avez envie de vous lancer dans une telle aventure, faites-le !

Une toute nouvelle aventure !

On vous dira souvent que vous êtes courageuse de vouloir partir toute seule. Eh bien, c'est vrai ! Vous avez l'audace de tenter, de vous lancer vers l'inconnu. En tant que fille, à moins d'être une pro du self-défense, vous êtes un peu plus vulnérable qu'un voyageur en solo, c'est certain, et vous n'irez peut-être pas faire la fête tous les soirs dans des clubs *underground*. Mais vous verrez que votre démarche suscitera beaucoup de curiosité, d'admiration et de bienveillance de la part des personnes que vous croiserez, parce que vous êtes une fille. Ce sera l'occasion de faire de belles rencontres et de mieux connaître le lieu que vous visitez. Et n'ayez crainte, vous n'oublierez jamais d'écouter votre instinct lorsqu'il vous suggérera de ne pas suivre telle ou telle direction.

Une chose est sûre, vous ne regretterez pas d'avoir osé. En effet, vous allez avoir le temps de faire le point sur votre vie, et d'en apprendre davantage sur vous-même que vous ne le pensiez.

Bien sûr, vous n'êtes pas obligée de vivre ce voyage comme une profonde introspection… Loin de votre confort habituel, vous allez aussi mettre le doigt sur ce qui vous est superflu, et ce qui vous rend vraiment heureuse : votre brushing quotidien ne vous manquera peut-être pas autant que vous le pensiez, alors que votre tasse de thé préféré à 17 heures, si ! De nombreuses petites choses vont se dessiner sous vos yeux pour vous permettre de profiter d'un vrai break et de découvrir quelle voyageuse vous êtes vraiment.

Quelle que soit la destination ou la durée de votre voyage, vous allez forcément gagner en confiance en vous, découvrir de nombreuses choses sur vous-même et repousser certaines de vos limites. En un mot : vous épanouir !

Se lancer, mais pourquoi ?

On ne manquera pas de vous poser la question : « Pourquoi partir seule ? » S'il n'est pas indispensable d'avoir une réponse à donner aux curieux, vous poser la question est important pour partir en étant sereine.

Je pars en solo, je suis nulle ?

« Personne ne pouvait venir avec moi ! » C'est une des réponses les plus fréquentes des voyageuses en solo, et elles le vivent bien ! Vous avez un peu de temps devant vous mais vos copines ne sont pas dispo ? C'est le moment d'en profiter pour tenter de partir seule, même quelques jours pour commencer. Ce n'est pas le signe que vous n'avez pas d'ami(e)s ou que vous finirez votre vie seule. Mais les agendas ne s'accordent pas toujours, surtout dans le monde du travail. À la fin de vos études ou d'un contrat de travail, le voyage solo peut aussi être un très bon moyen de faire un break, comme une transition vers la suite de votre parcours. Il est finalement rare d'avoir autant de temps juste pour vous !

Vous rencontrerez beaucoup de personnes bienveillantes, mais vous aurez peut-être à affronter des jugements sur cette solitude. Dans la société actuelle, une femme seule est parfois vue comme « quelqu'un qui a échoué », selon les termes de la psychiatre Stéphanie Hahusseau, tandis qu'un homme seul sera plutôt vu comme indépendant. Il est temps de bouleverser ces clichés ! Une chose est indispensable : assumez. Vous n'êtes pas nulle, vous prenez votre agenda et votre destin en main ! D'ailleurs, beaucoup de filles célibataires décident de partir en solo, sans attendre d'avoir rencontré l'amour pour vivre ces aventures. Et certaines l'ont même trouvé au cours de leurs pérégrinations !

Témoignage de Caroline, 32 ans
« Mieux vaut partir seule que mal accompagnée ! Quand on partage son voyage avec quelqu'un avec qui on est sur la même longueur d'ondes, c'est génial, mais dans le cas contraire ça peut être infernal. En solo, on peut rester seule ou choisir ses compagnons de voyage. »

J'ai besoin de vivre seule cette aventure, je suis égoïste ?

A priori, vous n'avez rien contre les autres… Pourtant, vous le sentez au fond de vous, vous avez besoin de tenter cette aventure par vous-même, sans dépendre de personne. Cela représente un sacré challenge, mais vous avez envie que cette étape n'appartienne qu'à vous. Vous voulez mettre à l'épreuve votre indépendance et vos limites tout en découvrant de beaux endroits. Voilà une excellente raison de se lancer ! Cette petite voix intérieure est un tremplin vers une aventure unique (ou plusieurs !).

Votre envie de voyager solo ne fait pas de vous la pire des misanthropes, loin de là ! D'abord, cela ne vous empêchera pas de prévoir les prochains voyages entre amis ou avec votre amoureux. Et puis, l'égoïsme, c'est se faire passer soi au détriment des autres : or, ce n'est pas votre objectif au cours de ce voyage. Selon la psychologue Catherine Audibert, auteure du livre *L'Incapacité d'être seul*, tous les êtres humains ont besoin de moments avec les autres et de moments de solitude ressourçante, créative et bienfaitrice. En partant seule, vous aurez l'opportunité de vous concentrer sur vos fondamentaux et sur votre équilibre avec les autres (qui vous manqueront certainement quand vous serez loin) : des clés indispensables pour être plus en phase avec vous-même et heureuse. Et ravie de retrouver vos proches !

J'ai besoin de couper les ponts, c'est grave ?

Vous en avez ras le bol de tout, de votre boss aux gens croisés dans le métro en passant par la caissière du supermarché ? Bref, le *burn out* vous guette. Personne ne reste parfaitement stoïque face à la vie et aux périodes de stress, et tout le monde a besoin de sas de décompression : faire du running, entreprendre une escapade à la mer, se détendre lors d'un barbecue entre amis… Si vous sentez que ce bouillonnement intérieur vous incite à partir seule quelques jours (ou plus longtemps !), ce n'est pas grave. C'est même une très bonne occasion de vous lancer.

Pourquoi ? Parce que ça ne veut pas forcément dire que vous devez changer radicalement de mode de vie. Et parce que ce n'est pas un signe de faiblesse, au contraire ! C'est le signe que vous êtes prête à vous écouter et à réagir. À moins qu'il ne s'agisse d'un malaise bien plus profond, cet état passager devrait se désamorcer au cours de votre voyage en solo.

Non, vous ne reviendrez pas forcément changée du tout au tout, en ayant décidé de plaquer carrière, ville, amoureux et amis… Vous allez simplement prendre une distance nécessaire par rapport à votre quotidien, déstresser et profiter. En bonus, vous rentrerez certainement avec certaines idées pour améliorer votre quotidien. Plutôt tentant, non ?

Le mot de la psy, Catherine Audibert

« On commence à mettre en évidence le concept de charge mentale qui pousse les femmes à en faire toujours plus, heureusement que certaines s'autorisent à partir seules pour faire des breaks ! Rien ne sert de continuer à s'épuiser dans une vie où il n'y a pas de temps pour prendre de la distance et opérer un retour sur soi, ça ne peut pas marcher. »

Partir après une rupture, bonne idée ?

Impossible d'avoir une réponse universelle, mais s'éloigner après avoir eu le cœur brisé peut être bénéfique, surtout si, dans votre quotidien, tout vous rappelle votre ex, des céréales du matin au café du coin, en passant par les photos sur les réseaux sociaux… S'éloigner, c'est prendre de la distance : une fois partie, vous ne rencontrerez que des personnes qui ne connaissent pas votre histoire, vous aurez peu de chance de croiser votre ex au coin de la rue et vous serez occupée à découvrir plein de nouvelles choses !

Le rêve ? Pas forcément… Sur son blog Graine de voyageuse, Pauline écrit : « Je me souviens avoir pleuré toutes les larmes de mon corps en rentrant à mon hôtel après m'être faite draguer par un autre voyageur. Je me sentais alors incapable d'engager quoi que ce soit avec quelqu'un d'autre, et j'ai eu cette sensation horrible que ça durerait toujours. » Comme l'explique la psychologue Lisa Letessier, auteure de *La Rupture amoureuse*, il s'agit d'une sorte de deuil de la relation. Il faut donc accepter d'aller mal et se sevrer de l'autre : la distance du voyage peut être un atout même si vous n'allez pas guérir en un claquement de doigt parce que vous êtes partie au bout du monde. Vous aurez pris le temps de vous chouchouter et de voir

que vous pouvez vous en sortir sans lui. C'est déjà une première étape! Beaucoup de filles décident de partir après un échec personnel, sentimental ou professionnel. Dans tous les cas, le voyage ne doit pas être une fuite, car il ne fera que repousser vos problèmes de quelques semaines ou mois. En revanche, il sera une très bonne occasion de prendre du recul et de vous poser les bonnes questions pour avancer. Mais attention, ne partez pas non plus avec une liste de points précis à résoudre impérativement lors de votre voyage, car vous risqueriez d'être déçue si vous n'y parvenez pas. Prenez le temps de voir dans quelle direction vous mène votre réflexion, et profitez de l'instant présent!

Le conseil des voyageuses : n'en attendez pas trop!
Les problèmes ne s'évaporeront pas pendant ce voyage en solo, malheureusement! Cette prise de distance temporaire vous apprendra éventuellement à mieux les gérer et vous permettra de faire le point. Ensuite, à vous de mettre en œuvre ces petits ou grands changements...

Voyager en solo, ce n'est pas être seule tout le temps !

Absolument toutes les voyageuses en solo vous le diront : partir seule, ça ne veut pas dire être seule tout le long du voyage, bien au contraire! C'est même une des particularités de ce type de voyage, vous allez certainement rencontrer plus de monde que si vous étiez en couple, en famille ou en groupe. Difficile à croire? C'est pourtant vrai.

La solitude, ça s'apprivoise

La solitude est certainement le plus grand frein au départ. « Qu'est-ce que je vais faire toute seule? Est-ce que je ne vais pas m'ennuyer? » Toutes ces questions sont légitimes : il est rare de se retrouver seule plusieurs jours, semaines ou mois, loin de son environnement quotidien. En tant qu'êtres sociaux, nous ne sommes pas habitués à nous arranger de la solitude. Et même si vous aimez beaucoup être seule, il y a parfois des moments où elle sera un peu trop présente, surtout si vous partez plusieurs mois. Parfois, vous ne rencontrerez pas grand monde, ou ça ne « matchera » pas avec vos compagnons de voyage. C'est presque inévitable, et ça fait peut-être même partie du défi que vous avez envie de relever.

Le voyage en solitaire questionne la relation qu'on entretient à soi, mais aussi à l'éphémère. Pour la psychologue Catherine Audibert, le voyage se déroulera sereinement si vous avez intégré psychiquement que vous n'aurez pas à tout reconstruire à votre retour, que vous vivez dans une certaine stabilité émotionnelle, qu'il s'agisse de relations familiales, amicales ou même amoureuses.

Finalement, se donner le luxe de partir, c'est savoir qu'au retour il y a quelque chose de permanent qui vous attend.

Partir seule, c'est aussi se confronter à ce qu'on refoule la plupart du temps. Cela peut donc être désagréable, mais il faut accepter que ce moment soit un peu difficile pour qu'il soit bénéfique. Selon la spécialiste, si vous ressentez l'envie de partir seule, c'est que vous avez quelque part le désir de faire ce travail d'apprivoisement de la solitude. Et le meilleur moyen pour y parvenir, c'est d'aller jusqu'au bout de votre projet : ne plus seulement en avoir envie, mais le faire réellement.

En revanche, pour des personnes qui souffrent psychiquement d'une réelle angoisse ou incapacité de solitude, le voyage en solitaire ne sera pas le meilleur moyen d'accepter la solitude. Selon Catherine Audibert, c'est d'abord dans une relation de confiance, par exemple avec un thérapeute, que la capacité à être seul peut être trouvée.

J'ai peur de l'ennui, je fais quoi ?

Lorsque vous parlerez de votre projet, vous n'échapperez certainement pas à des remarques du type : « Oh, moi, je ne pourrais pas, je déteste être seule ! » Évidemment, elles font écho à vos propres questionnements sur la solitude. Dites-vous que l'ennui a toujours existé, mais qu'il n'y a rien de grave à cela. Au contraire, l'ennui peut même avoir des bienfaits : vous pousser à aller vers les autres, et laisser du temps à votre cerveau pour être plus créative.

Solution 1 : j'adapte la durée de mon séjour.

Il n'y a qu'une règle : écoutez-vous ! Si un voyage de 15 jours vous paraît trop, ne partez que 10 jours. Vous êtes maîtresse à bord, personne ne vous jugera parce que vous n'avez pas largué les amarres pendant un an !

Solution 2 : je croise du monde.

Il y a quelques recettes à connaître : éviter les périodes touristiques très creuses, privilégier les hébergements collectifs comme les auberges de jeunesse ou les nuits chez l'habitant (via Airbnb ou en faisant du « couchsurfing ») ainsi que les transports en commun. Et vous pouvez aussi proposer à d'autres voyageurs, en solo ou non, de boire un verre ou de faire une excursion avec vous.

Solution 3 : je trouve des activités !

Pas la peine de se lancer à tout prix dans l'Accrobranche si vous avez le vertige. Là encore, écoutez-vous et faites uniquement ce qui vous plaît : faire le tour de la ville en petit train ? Apprendre à plonger ? Visiter le musée d'artisanat local ? Vous trouverez plein d'infos dans votre guide de voyage, à l'office de tourisme local ou auprès d'autres voyageurs qui sont arrivés avant vous. Et puis, prévoyez une longue liste de lectures ou des films dans votre tablette pour les soirées qui vous semblent un peu longues ou les coups de blues.

Dîner seule au restaurant, c'est pas un peu glauque ?

Les situations habituellement sociales, comme dîner au restaurant, vous paraîtront certainement un peu étranges au départ, surtout si vous n'êtes pas habituée à passer du temps seule en public (à la terrasse d'un café, au cinéma...). Pourtant, il faut bien manger et votre chambre d'hôtel ne sera pas forcément le meilleur panorama pour le faire ! Faites de ce moment une pause agréable et tout se passera bien : prévoyez un bon bouquin, de quoi faire des croquis ou votre carnet de voyage à remplir. Vous pouvez aussi préparer votre journée du lendemain grâce à la connexion Internet du restaurant. Et si ça vous inquiète vraiment, repérez une table de gens qui vous paraissent sympas et engagez la conversation ! En revanche, vos soirées seront certainement plus sages qu'en voyage à plusieurs : seule, il peut être moins facile de sortir faire la fête, à moins de rejoindre des compagnons rencontrés à l'auberge de jeunesse.

Partir à la rencontre d'autrui

En partant seule, vous allez donc passer pas mal de temps avec vous-même. Mais vous aurez aussi l'opportunité de rencontrer beaucoup de monde, parfois par nécessité, parfois par simple envie. Et cela commencera dès l'arrivée à l'aéroport : il faudra discuter avec le chauffeur de taxi !

Cultiver l'ouverture d'esprit

Le voyage en solo n'est pas une forme de repli sur soi, mais une réelle démarche d'ouverture aux autres. Évidemment, en fonction de la destination, de la période ou de votre humeur du moment, les rencontres ne seront pas toujours aussi riches et nombreuses. Mais les occasions de discuter avec des gens seront toujours présentes, qu'ils soient du pays ou voyageurs eux aussi. Si vous séjournez en auberge de jeunesse, vous serez sans doute invitée à partager une table, une excursion, voire à passer plusieurs jours ou semaines avec d'autres globe-trotteurs lors de très longs voyages.

Parler avec d'autres voyageurs fait partie intégrante de cette aventure : c'est l'occasion de croiser vos expériences, vos ressentis, vos coups de cœur et vos déceptions, d'apprendre quelques bonnes astuces, et parfois même de parler dans votre langue. En cas de coup de blues, il est toujours bon de pouvoir partager avec quelqu'un qui est dans la même situation que vous, loin de son pays. Et c'est très utile pour se faire un carnet d'adresses dans le monde entier en vue de futurs voyages !

En cas d'ennui, changez le scénario !
Les rencontres fréquentes et éphémères vous paraîtront parfois fatigantes puisqu'il faudra repartir de zéro à chaque fois : qui vous êtes, où vous allez, pourquoi vous êtes là… Dans ces cas-là, n'hésitez pas à vous poser quelques jours au même endroit, et à vous concentrer sur des activités en solo.

Vous ne saurez peut-être pas toujours comment vous y prendre pour rencontrer des locaux, surtout si vous ne maîtrisez pas leur langue. Il n'y a pas de recette miracle pour faire de belles rencontres, mais avoir une certaine ouverture d'esprit en restant curieuse et bienveillante envers les autres vous aidera. Apprendre quelques mots dans la langue locale (« bonjour », « au revoir », « merci », « je m'appelle… », etc.) est évidemment très efficace pour montrer que vous vous intéressez au pays que vous visitez. Mais le langage non verbal (gestes, attitude, expressions du visage et même tenue vestimentaire) est très important dans les rencontres, qu'elles soient de votre initiative ou de celle des autres : si vous êtes à l'aise, confiante et souriante, les contacts seront plus faciles. En revanche, si vous êtes plongée dans un livre, on viendra moins facilement vous parler.

Témoignage de Salomé, 28 ans

« Je me promenais dans les rues de Yazd en Iran quand j'ai entendu des toussotements dans mon dos. Les femmes de la maison devant laquelle je passais étaient sorties pour m'inviter à l'intérieur. Personne ne parlait ni français ni anglais (ni moi-même le persan !), mais j'ai compris qu'on m'invitait pour le déjeuner. À la fin du repas, le père m'a fait signe de revenir à 21 heures. Je suis arrivée un peu en avance, pour éviter d'être seule de nuit dans les petites rues. Il y avait une centaine de personnes dans la maison, les hommes dehors sur des tapis, les femmes tout en noir à l'intérieur avec les enfants. Je suis entrée un peu étonnée… ça rigolait, ça discutait… j'ai fini par comprendre que c'était une veillée funèbre… Quand les invités sont partis, la famille m'a demandé de mettre de la musique française sur mon téléphone. On a passé la soirée à chanter de vieux tubes et à faire des selfies groupés. Une nuit improbable mais inoubliable ! »

Observer le comportement des gens autour de soi, notamment des femmes entre elles et avec les hommes, mais aussi les tenues et les gestes, est essentiel pour savoir comment se comporter et rester à l'aise. Même si vous ne parlez pas la langue locale, les personnes que vous rencontrerez sauront que vous êtes respectueuse et curieuse de leur culture, et seront plus à même de la partager avec vous. Montrez que vous êtes là pour découvrir et partager, et tout se passera bien !
Vous aurez de nombreuses opportunités de passer des moments agréables, d'échanger les bons plans (les locaux savent où se cachent les plages peu fréquentées, par exemple !), d'en apprendre toujours plus sur la culture locale… En bref, de gagner en ouverture d'esprit.

Petit guide pour entrer facilement en contact avec les autres

- Dites « bonjour » dans la langue locale et demandez si la personne parle anglais. Si ce n'est pas le cas, une feuille et un crayon seront utiles pour dessiner, et un dictionnaire pour traduire !
- Posez une question simple : demandez votre chemin, dans quel restaurant se déguste la spécialité locale, où se trouve le meilleur marché… et ce, même si votre guide de voyage peut vous donner la réponse !
- Intéressez-vous à votre interlocuteur : qu'est-ce qu'il y a dans le plat qu'il mange ? Quel est son métier ? Est-ce qu'il a une famille ? Quel est son lieu favori dans la ville ?

Discuter, même quelques minutes, avec votre guide de randonnée, le capitaine du bateau sur lequel vous naviguez, un chauffeur de taxi… vous permettra d'apprendre plein de choses sur le pays que vous visitez.

Je suis timide, je vais survivre ?
Oui, bien sûr ! Vous en ressortirez même plus sûre de vous. Vous allez être obligée d'échanger avec de nombreux inconnus au cours de votre voyage. Si vous voulez dépasser votre timidité, vous pouvez forcer la rencontre en acceptant l'invitation d'autres voyageurs français (vous n'aurez pas à dépasser la barrière de la langue !) ou en proposant à une autre voyageuse de se joindre à vous le temps d'un après-midi.

Les femmes sont vos alliées !

Même si les cultures sont très différentes d'un pays à l'autre, les femmes ont des préoccupations communes. Pour préparer votre voyage, les voyageuses et les habitantes du pays, natives ou non, pourront vous donner de précieuses informations. Une fois sur place, les femmes seront de bon conseil sur de nombreux sujets : mœurs et coutumes, tenue vestimentaire, lieux à éviter… Elles auront souvent beaucoup de curiosité et d'empathie pour votre situation et votre projet et n'hésiteront pas à partager leur vie avec vous.

Pour rencontrer des femmes sur place, vous pouvez prévoir des séjours chez l'habitant, chercher des cours ou initiations de cuisine, de couture…, partir en excursion dans des villages, aller à la piscine… Dans certaines cultures, notamment musulmanes, les femmes sont très en retrait dans la société et vous aurez peu de possibilités d'entrer en contact avec elles dans l'espace public. Les lieux réservés aux femmes (hammams, cafés, salles de sport...) sont alors un bon moyen de les rencontrer. Ces rencontres sont souvent très instructives sur la culture locale !

Comment échanger avec d'autres femmes?
Pour les voyageuses, c'est simple, il suffit de les contacter via leur blog ou les réseaux sociaux ! Vous pouvez aussi vous tourner vers les sites d'expatriées françaises (www.femmesexpat.com), le forum des usagers du Permis Vacances Travail ou PVT (www.pvtistes.net), ou encore le réseau d'entraide féminine (www.womenwelcomewomen.uk).

Je laisse de la place aux imprévus !

Voyager seule, loin de votre quotidien habituel, c'est vivre une aventure dont vous êtes l'héroïne. Et même si vous prévoyez un maximum de choses avant le départ parce que vous n'aimez pas les surprises, vous allez en vivre quelques-unes au cours de votre voyage. Rassurez-vous, elles seront quasiment toutes bonnes !

Seule, vous serez automatiquement plus ouverte aux autres et aux opportunités. D'abord, parce que vous y serez obligée : il vous faudra engager la conversation avec le chauffeur de bus, le réceptionniste de l'hôtel, le serveur du restaurant... Ensuite, parce que ces imprévus, surprises ou opportunités n'ont pas le même impact au cours d'un voyage qu'au quotidien : vous n'avez pas à vous lever le lendemain pour aller au travail, répondre à un email urgent ou prendre des décisions importantes. Lorsque l'imprévu bouleverse certains impératifs, il est souvent vécu de façon inconfortable. Mais, une fois que vous êtes débarrassée de ces impératifs, il prend une tournure plus agréable.

Puisque vous serez seule, les locaux vous aborderont plus facilement, généralement de façon très bienveillante. Il faut dire qu'une fille voyageant seule peut attiser la curiosité, et pas uniquement des hommes ! Parfois, vous ne serez même plus perçue comme une touriste (du moins quand vous ne traînez pas votre valise !) et on vous demandera si vous êtes étudiante ou expatriée. Il faut dire que la majorité des touristes se promènent en

Témoignage de Marianne, 24 ans

« Seule, j'accepte plus facilement les rencontres imprévues. À la gare routière de Tolède, en Espagne, je suis montée dans le premier bus. Il partait pour Cuenca, dont j'ignorais l'existence. J'ai fait connaissance avec la dame assise à côté de moi, qui m'a finalement invitée à manger des tapas avec ses amis. C'était une superbe soirée et un très bon souvenir ! »

groupe, vous ferez un peu figure d'exception. Encore une fois, profitez-en !
Lorsqu'on vous proposera quelque chose, votre voix intérieure vous dira de plus en plus souvent « pourquoi pas ? » au lieu de « non merci ». En laissant entrer un peu de surprise dans votre emploi du temps, vous ouvrirez la porte à de belles rencontres ou à de nouvelles aventures.

Et face aux mauvaises surprises ?

Évidemment, si vous n'avez vraiment pas envie de faire ce qu'on vous propose ou si vous avez un mauvais feeling, dites « non » ! Côté mauvaises surprises, il y aura celles qui ne sont pas graves : oublier votre chargeur dans un hôtel, rater un bus, trouver porte close dans un musée que vous vouliez vraiment voir… Vous arriverez rapidement à relativiser et à trouver une solution de repli !
Des cas plus graves, comme une agression, un vol ou un souci avec la police locale par exemple, peuvent arriver. Rien ne sert de vous dire de relativiser ou de minimiser l'importance de ces situations, mais vous pouvez faire face à ces imprévus sans vous laisser déborder (voir le chapitre 2 sur les questions de sécurité).

Partir à la découverte d'un pays… et de soi-même

Avec ce voyage, vous pourrez enfin voir, visiter ou vivre certaines choses importantes et rayer des lignes de votre « bucket list » ! Vous allez aussi vivre beaucoup d'autres événements, grands ou petits, qui feront de ce premier voyage en solo une expérience particulière. Et cela commence avant même d'être partie !

Je sors de ma zone de confort !

Partir toute seule, c'est inédit… et certainement un peu inquiétant. Il faut dire que ce projet regroupe de nombreuses choses qui sortent de l'ordinaire : la solitude, une destination inconnue, une perte de repères, d'éventuels imprévus… Autrement dit, le voyage en solo bouleverse toutes les habitudes, il nous faut sortir de notre zone de confort.
Ce concept psychologique représente le périmètre de ce que nous connaissons, dans lequel nous nous sentons à l'aise : notre boulangerie préférée, les embouteillages matinaux, notre itinéraire journalier, notre job, notre cercle d'amis… Au sein de la zone de confort, tout n'est pas forcément agréable, mais ce sont des choses qui nous rassurent. Au contraire, en sortir a tendance à générer du stress, voire de l'anxiété.

Pourquoi sortir de sa zone de confort ?

« Est-ce bien raisonnable de s'infliger ce stress ? » Il semble naturel de se poser la question ! Pourtant, si vous êtes tentée par la nouvelle aventure que représente un voyage en solo, c'est que vous en avez envie… Pour l'entreprise espagnole Inknowation, qui aide des managers à développer la performance et le bien-être de leurs salariés, il est indispensable de sortir de cette zone de confort. La vidéo « Osez-vous rêver ? », vue près de 9 millions de fois, explique qu'il existe une zone d'apprentissage dans la continuité de la zone de confort, dans laquelle nous expérimentons de nouvelles choses et élargissons notre vision du monde. Au-delà se situe une « zone de non-expérience », où tout nous est inconnu : elle peut faire peur. S'aventurer dans cette zone, c'est l'assurance de s'ouvrir à la nouveauté, de dépasser ses peurs, de gagner en confiance en soi, de réaliser ses rêves et, finalement, d'élargir sa zone de confort.

Comment sortir de sa zone de confort ?

Pour franchir la frontière de cette zone de confort, il faut considérer la zone de non-expérience comme une zone « magique » où tout peut arriver, y compris des choses extraordinaires. Pour prendre le réflexe d'en sortir et voir les premiers effets, vous pouvez commencer par de petites choses : changer d'itinéraire et découvrir de nouvelles rues, parler chaque jour à une personne inconnue, aller lentement, faire quelque chose dont vous avez toujours rêvé sans oser : prendre un cours de claquettes ? contacter votre idole ? Foncez !… Et partir en solo ! Ayez confiance en vos rêves : quand on les réalise, de nouveaux apparaissent et c'est super motivant.

Le voyage booste la confiance en soi

Vous l'aurez compris, faire la démarche de partir en solo bouleverse un certain nombre d'habitudes liées au voyage… Ce choix va vous demander une bonne dose de courage, mais, même si vous en doutez, il est bien présent au fond de vous ! Ce n'est pas toujours évident d'avoir confiance en soi et en son projet, surtout quand on se lance seule. Comment faire ? Les personnes qui manquent de confiance en elles sont très nombreuses, bien plus qu'on ne le pense ! Ce n'est peut-être pas très rassurant à première vue, mais c'est un sentiment plutôt normal, surtout quand on fait face à un grand projet.

Dans son livre *Oser. Thérapie de la confiance en soi*, le psychanalyste Frédéric Fanget explique que la confiance en soi n'a rien à voir avec la timidité : elle est liée à l'idée de notre capacité à réaliser tel ou tel projet. Il est donc impossible d'être sûre de soi en permanence !

Ensuite, la confiance en soi n'est pas innée : on peut l'apprendre et/ou la renforcer. Et avec le voyage en solo, elle n'en ressortira que plus grande. Quand on manque de confiance en soi, ce n'est pas qu'on est incapable de réaliser les choses, mais souvent qu'on a tendance à se dévaloriser. Face à chaque situation, vous pouvez vous autoévaluer en vous posant la question suivante : « Est-ce que je peux faire ça ? », et en y répondant sur une échelle de 0 à 10. Vous verrez, vous serez rarement à un degré de compétence nul. Bien sûr, il y aura toujours des choses que vous ne serez pas en mesure d'accomplir, mais il n'est pas nécessaire de savoir tout faire pour être heureuse !

Comment améliorer la confiance en soi ?

Dans cette optique, le psychanalyste Frédéric Fanget privilégie trois axes :

- **Faire attention aux mécanismes de dévalorisation** : dites stop aux pensées négatives (« Je suis nulle », « Je suis sûre que ma collègue pense que je ne suis pas à la hauteur », « Ne fais pas ça, tu ne vas pas y arriver », etc.) en les transformant en propos bienveillants envers vous-même afin de développer l'estime de soi.
- **Agir** : après avoir identifié les points sur lesquels vous manquez de confiance, il faut procéder étape par étape, par exemple en commençant par partir seule quelques jours en France. L'idée est de rentrer en se disant « j'ai réussi ! ».
- **S'affirmer** : forte de cette réussite vis-à-vis de vous-même, il faut réussir à exprimer clairement vos besoins et vos attentes vis-à-vis des autres.

Si vous sentez que le manque de confiance en vous est un frein dans votre vie ou vos projets, tournez-vous vers un professionnel. Les thérapies comportementales et cognitives, avec des exercices pratiques, sont souvent indiquées.

On teste aussi ses limites...
Le voyage en solo met à l'épreuve nos limites. Vous allez donc expérimenter quantité de choses que vous êtes capable de faire. Logiquement, vous allez donc aussi mieux définir ce qui n'est pas fait pour vous : ce n'est pas parce que le voyage donne des ailes que tout doit vous plaire. Vous n'avez vraiment pas envie de faire du stop? Vous préférez les chambres individuelles aux dortoirs? Vous n'aimez pas vous coucher sans avoir prévu votre petit déjeuner du lendemain? Écoutez-vous! C'est en déterminant vos propres limites que vous deviendrez une voyageuse à l'aise dans vos baskets. Et ça aussi, c'est une preuve de confiance en vous.

En voyage, ça donne quoi?

Partir seule, c'est se débrouiller seule : quoi de mieux pour booster la confiance en soi? Au fil du séjour, vous allez vous dire : « Je suis capable de me faire comprendre seule », « J'ai réussi à trouver un super logement dans ce village paumé », « J'ai résolu cette petite galère », et même : « J'ai su demander de l'aide quand j'en ai eu besoin »...
En sortant de votre zone de confort durant ce voyage, vous allez chercher la preuve que le monde extérieur n'est pas si effrayant et que vous pouvez l'affronter par vous-même. Le voyage va vous offrir de très nombreuses occasions de vous surpasser et c'est finalement là que vous aurez la confirmation que vous pouvez surmonter plein de situations qui vous semblaient insurmontables avant le départ.

J'ai peur de ne pas savoir me débrouiller

Vous n'êtes pas très manuelle? Un peu tête en l'air? Maladroite? Du coup, vous pensez peut-être que vous serez incapable de vous en sortir toute seule une fois sur place, parce que vous n'avez pas le sens de l'orientation ou que vous ne parlez pas la langue. On ne va pas se mentir : débarquer seule dans une ville ou un pays inconnu peut être angoissant. Mais, c'est promis, vous n'allez pas rester paralysée à l'aéroport!

Solution 1 : prévoyez. Si ça vous stresse vraiment, vous pouvez réserver le plus de choses possible : hôtels, vols intérieurs, visites guidées...

Solution 2 : checkez vos billets et adresses. Pour éviter de vous perdre, vous pouvez noter les adresses de vos hôtels dans votre carnet de voyage et enregistrer leur localisation dans votre smartphone. Une fois arrivée à l'aéroport, vous n'aurez pas à fouiller dans tous vos papiers pour montrer l'adresse au chauffeur de taxi.

Solution 3 : apprenez quelques mots dans la langue du pays. De la même manière, si vous avez peur de ne pas réussir à communiquer, la base est d'apprendre quelques phrases (si possible en les écoutant, pour vous familiariser avec la sonorité de la langue). Partez avec une fiche regroupant les mots utiles. Encore plus pratique dans un pays dont on ne sait pas déchiffrer l'écriture ! À vous de déterminer la quantité d'informations dont vous avez besoin pour ne pas angoisser…

Le sentiment d'accomplissement comme récompense

Comme tout travail sur soi, gagner de la confiance en vous ne se fera malheureusement pas en un claquement de doigts. Mais le fait de tenter l'aventure du voyage en solo est déjà une réussite à part entière, il ne faut surtout pas la négliger ! Vous pouvez tirer une immense fierté de chaque étape, de l'achat des billets au retour sans encombre, et vous féliciter. Cette réussite sera irrémédiablement liée au souvenir que vous garderez de votre voyage en solo, c'est plutôt une bonne nouvelle, non ?

Ce bonheur se rapproche du sentiment d'accomplissement, au sommet de la pyramide de Maslow qui classe les besoins de l'être humain. Tout en bas, se trouvent les besoins physiologiques (nourriture, air, sommeil…), puis viennent les besoins de sécurité, d'appartenance et d'estime. Selon le psychologue Abraham Maslow, ce sont ces différents besoins qui nous poussent à agir dans la vie. Aussi, partir à la recherche de ce bonheur, avec un voyage en solo, est tout à fait naturel et légitime !

Pour s'accomplir, il faut se connaître soi-même et savoir ou pressentir ce qui fera naître ce sentiment d'accomplissement. Avoir envie de partir en solo et se donner les moyens de vivre ce projet est un très bon point de départ ! Ensuite, sonder ses envies profondes est nécessaire pour savoir vers quel voyage vous orienter. Et elles peuvent même devenir la raison du voyage : si vous appréhendez de partir sans but précis, avoir un objectif vous aidera forcément.

La liste des projets qui me tiennent à cœur

- Courir le marathon de New York
- Rencontrer une tribu Massaï
- ……………………………………………
- ……………………………………………
- ……………………………………………
- ……………………………………………

Finalement, vous ferez d'une pierre deux coups : dépasser l'appréhension de partir seule, tout en atteignant un objectif qui vous apportera un sentiment de bonheur et de bien-être. Emparez-vous d'un rêve, d'une envie folle, d'une intuition sur votre future carrière professionnelle, et réalisez-le ! Vous ne pourrez que faire naître l'envie de vivre ce sentiment à nouveau et enclencherez un cercle vertueux : « J'ai envie de faire ça > je suis capable de le faire > ça me rend heureuse > j'ai envie de faire ça… »

Témoignage de Charlotte, 28 ans

« Pour mes premiers voyages en solo, j'ai choisi l'Australie et les États-Unis. Le choix était plutôt évident car je cherchais des pays anglophones plus exotiques que la Grande-Bretagne. Je voulais vraiment apprendre l'anglais car ça me semblait indispensable, et le pari a été réussi ! »

Prendre du temps pour faire le point

En larguant les amarres, vous allez vous accorder du temps. Quoi de plus précieux ? Pas de réveil qui sonne, pas de directives à suivre, et seulement vos envies à combler : quel changement ! Passé le grand dépaysement parfois un peu effrayant des premières heures, tout ce temps pour vous va vous permettre de prendre du recul, mais aussi de trouver le rythme qui vous correspond vraiment. C'est un vrai moment d'écoute de soi, jalonné de questionnements comme : « Qu'est-ce que j'ai envie de faire maintenant ? »
Bien sûr, vous retirerez une certaine sérénité de ce nouveau rythme qui vous correspond. Mais dans un sens plus large, ces mêmes questions vont s'appliquer à votre vie entière, à votre avenir, à votre carrière, votre couple… Et cela peut s'avérer désagréable si on n'y est pas préparée ! La solitude favorise l'introspection, qui consiste à s'écouter sans se juger ni se voiler la face.

Témoignage d'Élodie, 22 ans

« Dans la vie, il est rare d'être seule face à soi-même, de ne pas pouvoir fuir et d'être confrontée directement à ses peurs. Je pense qu'il faut être bien dans ses baskets, sinon on prend le risque de broyer du noir, même si, finalement, c'est apaisant. Ça m'a permis de comprendre que j'étais trop dans la composition, que je cherchais à satisfaire tout le monde sans me demander ce que je voulais vraiment. »

En effet, contrairement à une conversation, l'introspection se passe sans interlocuteur qui réagit à un sujet et fait dévier le cheminement de nos pensées. Finalement, en étant seule, il est moins facile de se convaincre qu'une situation nous convient ou qu'une relation nous épanouit si ce n'est pas réellement le cas.
La démarche peut paraître effrayante car, au quotidien, nous sommes très peu confrontées à nous-mêmes et à nos choix. Il est parfois bien difficile de se remettre en question quand on oscille entre « mais si, tout va bien » et « c'est décidé, je plaque tout ! », mais lorsqu'on a réussi à démêler quelques problématiques, la satisfaction est au rendez-vous ! Ce temps de réflexion vous mènera à une meilleure connaissance de vous et de vos attentes dans la vie.

Par où commencer ?

Posez-vous des questions simples et fermées, auxquelles vous pouvez répondre par « oui » ou « non ».
Est-ce que je suis impatiente de retrouver mon amoureux le soir ? Est-ce que je ris souvent ? Est-ce que je me sens à l'aise avec des inconnu(e)s ? Est-ce que mon lieu de vie me plaît ? Est-ce que je me sens bien dans mon job ?
Ensuite, vous pouvez développer vos réponses, positives ou négatives, en vous demandant pourquoi ? Qu'est-ce qui me dérange dans telle situation et pour quelles raisons ? Comment puis-je améliorer la situation ?
C'est en tirant petit à petit sur tous ces fils que vous réussirez à dégager certaines conclusions. Prenez le temps de noter ce qui vous semble important, afin de ne pas oublier ou de reprendre votre réflexion là où vous l'avez arrêtée. En voyage, de nombreuses situations sont propices à l'introspection : un paysage qui défile, un passage d'un livre, une situation observée dans une rue… Et si vraiment cela vous rend triste, échappez-vous en regardant une série amusante ou en allant discuter avec d'autres voyageurs de votre auberge de jeunesse.

Le conseil des voyageuses : attention aux bonnes résolutions !
Vous avez peut-être déjà échoué face aux résolutions de début d'année. Pleine d'enthousiasme lors de votre voyage, il n'est pas impossible que vous vous disiez : « En rentrant, je me mets au sport ! » Mais les habitudes du quotidien sont tenaces et vous ne pourrez pas tout bouleverser à votre retour. Pour éviter les déceptions, notez ces bonnes idées dans un coin de votre Bullet journal (voir p. 65), et revenez-y après avoir défait votre valise pour leur donner un ordre de priorité.

Partir en quête de spiritualité

Dans certains cas, votre voyage en solo et l'introspection qui en découlera pourront même vous mener vers une forme de spiritualité, que vous soyez croyante ou non. En effet, la spiritualité peut être définie comme un accès à une autre dimension : un dieu ou des êtres divins dans le cadre religieux, son intériorité ou la nature dans une dimension non religieuse. Cette expérience spirituelle procure une sensation de plénitude.

Comment aller vers plus de spiritualité ?
L'apprentissage de cette spiritualité est jalonné de nombreuses étapes intérieures, parmi lesquelles figurent la pleine conscience, la relation à la nature ou encore la communication non violente. Pour approfondir le sujet, vous pouvez lire le dossier « Petit guide du développement spirituel » de *Psychologies magazine*, *Nature et spiritualité* de Jean-Marie Pelt (Le Livre de poche, 2009) ou *Cessez d'être gentil, soyez vrai !* de Thomas d'Ansembourg (Éditions de l'Homme, 2014).

Certaines destinations auront une charge spirituelle particulière, de par leur forme ou leurs lieux : si vous empruntez le chemin de Saint-Jacques-de-Compostelle ou que vous visitez Jérusalem, parmi les pèlerinages les plus connus au monde, ou si vous vous immergez dans les temples bouddhistes d'Asie du Sud-Est, vous ne vivrez peut-être pas la même expérience qu'en visitant New York ou en explorant les Philippines.

La spiritualité est intimement liée à un retour à soi, car elle demande d'être pleinement présente dans le moment, avec soi ou avec la nature environnante. Difficile d'atteindre cet état lorsqu'on est en groupe !

Témoignage de Julianne (blog The Trek)

« Être seule dans la nature permet un examen en profondeur de soi, du monde dans lequel nous vivons et de notre place dans ce monde. Cela renforce également le lien avec les cinq éléments : la terre, l'eau, le vent, le feu et l'esprit. Cette méditation constante aide à être présente uniquement dans le moment et avec ses pensées. Il en découle une capacité à accepter le moment qui est très libératrice. »

Pour beaucoup de filles, la spiritualité n'est pas l'objectif premier lorsqu'elles entreprennent ces voyages. Elles cherchent avant tout à mieux se connaître, à se dépasser physiquement et à trouver diverses réponses sur elles-mêmes. Beaucoup partent pour faire le point sur leur vie, pour compenser la douleur après un décès ou pour se reconstruire après une maladie. Il ne s'agit pas de simples randonnées ou de visites, mais d'une forme de quête intérieure qui finalement débouche sur une communion avec la nature.

Témoignage d'Alice, 26 ans, auteure du blog Lilikus

« Marcher sur le chemin de Saint-Jacques-de-Compostelle était une expérience de vie plutôt qu'un voyage car je ne partais pas à la découverte d'un pays mais de moi-même. Je cherchais une expérience forte, je voulais sortir de ma zone de confort pour être confrontée à moi-même et à mes limites.

Après les premiers temps quelque peu difficiles, j'ai commencé à ressentir les bénéfices de la marche. Chaque jour, j'avais hâte de découvrir ce que les prochains paysages auraient à m'apporter, mon corps avait hâte de se remettre en route. Marcher était presque devenu comme une drogue. Les mouvements de mes jambes et de mes pieds se répétant, je me sentais légère et sereine, pleinement dans le moment présent. De ce fait, j'étais attentive aux moindres détails de la nature, tous mes sens en éveil : une odeur, une intensité lumineuse, une couleur. J'ai vraiment eu la sensation de parvenir à un état plus conscient de mon intériorité et de ce qui m'entourait. En marchant, un changement s'est opéré en moi, j'ai appris à être plus consciente de moi-même et je me suis rapprochée de ce que je suis. Ce changement n'est possible, selon moi, que lorsqu'on marche pendant une longue durée car ce sont les petites expériences vécues chaque jour qui vont mener à une prise de conscience plus générale. »

Et si je n'aime pas le voyage en solo ?

Vous êtes habituée à vivre entourée de personnes que vous connaissez – votre famille, vos amis, vos collègues... – et vous vous apprêtez à faire une plongée loin de tout.

La question vous taraude : « Est-ce que je vais vraiment aimer ce voyage ? » Il n'y a malheureusement pas de réponse toute faite. Il est normal que vous vous demandiez si c'est vraiment fait pour vous, après tout. Eh bien, vous ne saurez pas avant d'avoir testé ! Peu de filles sont parties la première fois en étant certaines qu'elles allaient adorer voyager seules... Pourtant, elles sont presque toutes reparties ! C'est bon signe, non ?

S'il s'avère que ce n'est pas votre truc, vous pouvez très bien écourter votre voyage. Soyez bienveillante avec vous-même : ce n'est pas un échec, mais un nouvel apprentissage ! Vous saurez exactement pourquoi vous ne voulez pas repartir en solo, et préparerez votre future escapade en bonne compagnie.

Les 10 vertus du voyage en solo

❶ Le plein de rencontres !

Timide ou non, vous n'allez pas rester seule bien longtemps ! Vous allez croiser plein d'autres voyageurs avec lesquels échanger. Et puis, en solo, les locaux vous parleront plus facilement.

❷ Des souvenirs uniques

Vous n'allez pas vivre le même voyage en partant seule que si vous étiez accompagnée. Les souvenirs et le ressenti sur place n'appartiendront qu'à vous, comme quelque chose de précieux.

❸ Un temps de réflexion

Dans cette expérience, vous serez face à vous-même. L'occasion de penser à la marche du monde, de réfléchir à sa carrière, de faire le point sur sa vie… Mais ne soyez pas trop dure avec vous-même !

❹ Votre confiance en vous sera au top

En rentrant, vous pourrez vous dire : « Je l'ai fait toute seule ! » Oui, vous êtes capable de vous débrouiller, de relativiser une petite galère, de dépasser certaines trouilles, etc. Quoi de mieux pour se sentir bien dans sa peau ?

❺ Votre résistance va augmenter…

Soyez-en sûre, il y aura quelques imprévus… Souvent quand vous serez fatiguée ! Une averse qui vous trempe, un transport pris dans le mauvais sens, un câble d'iPhone perdu… Mais vous réussirez à tout arranger.

❻ Et votre débrouillardise aussi !

Même si vous avez l'impression de ne rien savoir faire, c'est faux ! Vous allez apprendre plein de choses : négocier sur le marché, trouver une aiguille à coudre dans un village birman… Et cette capacité d'adaptation vous servira même une fois rentrée !

❼ Liberté, ô liberté !

A priori, votre seule contrainte sera votre billet de retour. Pour le reste, vous pouvez faire exactement ce que vous voulez. Et même décider de ne rien faire, c'est formidable non ?

❽ Des bagages optimisés

Il n'y aura personne auprès de vous à qui demander : « Je peux mettre mon livre dans ton sac ? » Votre organisation sera mise à l'épreuve chaque fois qu'il faudra faire et défaire votre sac, mais vous deviendrez une pro !

❾ Retrouver ses proches

Le retour aussi peut être un super moment, il ne faut pas l'oublier. Retrouver les gens qui nous ont manqué pendant ce voyage, c'est toujours une grande joie. Autant en profiter !

❿ Je repars quand ?

Le voyage appelle le voyage… et peut même donner la bougeotte ! Boostée par cette première expérience en solo, vous aurez envie de repartir… vite !

Chapitre 2

Côté sécurité, je ne néglige rien !

Que ce soit avant ou pendant le voyage, la sécurité est une de vos grandes préoccupations… et c'est bien normal ! Comment les filles seules sont-elles perçues ? Est-ce que je risque de me faire agresser ? Est-ce que je suis une cible facile ? Autant de questions qui vous trottent dans la tête, et que vous devez écouter sans qu'elles vous empêchent de réaliser votre projet.

Une fille seule est-elle un voyageur comme un autre ?

La réponse est double : oui et non. Tous les voyageurs partagent une grande soif de découverte, une certaine capacité d'adaptation, une envie de se dépasser… Mais les filles, surtout en solo, sont plus vulnérables que les hommes : elles sont bien plus souvent la cible d'agressions sexuelles, et la très grande majorité ont moins de force physique pour se défendre. Des faits auxquels s'ajoute un conditionnement stéréotypé qui pousse les femmes à penser qu'elles sont moins capables de réussite que les hommes. Mais il existe heureusement des conseils et bonnes pratiques pour voyager sereine et faire face aux situations désagréables !

Et puis, la vie quotidienne est-elle sûre à 100 % ? Certainement pas. Finalement, en tant que fille, vous êtes habituée à faire attention à vous, que ce soit en rencontrant de nouvelles personnes, en sortant le soir, en prenant la route… Vous avez même développé un certain instinct pour rester en sécurité, qui vous sera très utile en voyage.

Le monde n'est pas qu'un vaste territoire peuplé de mille dangers. Il y a des pays, des régions et des quartiers à éviter, des sociétés dans lesquelles les droits des femmes sont bafoués… mais la majorité des voyages en solo se passent bien, et de nombreux endroits sont très sûrs à visiter !

Partir en toute sécurité

Pour vivre votre voyage le plus sereinement possible, autant mettre toutes les chances de votre côté ! Du choix de la destination à celui de la chambre d'hôtel, en passant par l'attitude à adopter, de très nombreux éléments doivent être pris en compte.

Bien se renseigner, c'est primordial

Cela paraît évident, et pour cause ! Savoir où vous allez mettre les pieds est une donnée fondamentale pour que votre voyage se déroule bien. Évidemment, vous n'allez pas découvrir tous les détails des lieux en faisant des recherches sur Internet, mais pour des questions de sécurité, ça peut vous aider.

Avant de partir

Il est important de savoir quel est le climat sécuritaire global du pays, de la région ou de la ville que vous allez visiter, et si c'est particulièrement dangereux pour les femmes. Pour cela, les guides de voyage bien faits proposent tous un chapitre sur la sécurité, parfois même détaillé par région pour des pays dont certaines zones sont dangereuses, comme le Mexique. Les guides indiquent également quelles sont les compagnies de taxis homologuées, où se trouvent les services de police et les hôpitaux, et comment obtenir une aide juridique en cas de besoin. Vous y trouverez également des informations importantes sur la législation locale et certains interdits : drogue, devises étrangères, Code de la route…

Le site www.diplomatie.gouv.fr/fr/conseils-aux-voyageurs liste les pays où il est déconseillé de voyager. Il est mis à jour très régulièrement et donne des détails pays par pays sur la sécurité, la santé, les procédures d'entrée, les transports… Vous pouvez aussi suivre les comptes Twitter du ministère, @francediplo et @ConseilsVoyageurs qui publient des alertes de sécurité en temps réel.

Pour avoir des avis plus détaillés sur la question de la sécurité pour les filles, tournez-vous vers les personnes qui ont déjà effectué un voyage dans la même région (amies, connaissances, blogueuses…). Quelle est leur manière de voyager ? Ont-elles rencontré des problèmes quelconques ? Se sont-elles senties mal à l'aise dans un quartier ? Dans un hôtel ou un bar ? Ont-elles des recommandations de lieux où elles se sont senties détendues ? Comment se passent les relations entre hommes et femmes ? Ont-elles des conseils vestimentaires ? Il n'est pas rare que les blogueuses publient des posts détaillés dédiés à la sécurité, auxquels vous pouvez vous reporter.

Faut-il écouter les conseils des hommes sur la sécurité ?
Tous les conseils sont bons à prendre ! Mais un avis féminin sera généralement plus fiable car un homme ne se projette pas en tant que femme, avec les préoccupations qui lui sont propres.

Une fois sur place

N'hésitez pas à poser la question aux locaux, et notamment aux femmes : est-ce que j'évite de sortir dans tel quartier le soir ? Est-ce que je peux sortir faire mon jogging tôt le matin ? Où sont les plages sûres ? Vous pouvez aussi leur demander des informations sur le coût de la vie (course de taxi, tarif des souvenirs…) pour éviter de vous faire arnaquer !

Les destinations les plus sûres

Harcèlement, criminalité, incompréhension culturelle… Toutes les destinations ne se valent pas en matière de sécurité. Malheureusement, vous ne pourrez jamais être certaine que vous ne courez aucun danger, mais certains pays du globe sont réputés très sûrs pour voyager en solo lorsqu'on est une fille.

Le Japon : le taux de criminalité envers les touristes y est très bas, et les filles seules s'y sentent en sécurité. Malgré de grandes différences culturelles, vous trouverez toujours quelqu'un pour vous venir en aide si besoin.

L'Asie du Sud-Est : Thaïlande, Cambodge, Laos, Vietnam, Malaisie, Bali… Ces destinations sont les grandes favorites des voyageurs en solo, hommes ou femmes ! Elles sont peu coûteuses et les locaux sont hyper accueillants.

L'Australie et la Nouvelle-Zélande : comme en Asie du Sud-Est, de nombreux voyageurs en solo partent à l'aventure dans ces destinations où l'anglais est la langue officielle. Pratique pour se faire comprendre.

Les pays nordiques (Islande, Norvège, Danemark, Suède, Finlande) : ce sont des pays avec très peu d'instabilité politique et de très faibles taux de criminalité. Les touristes y sont très bien accueillis. En revanche, ces destinations sont onéreuses.

L'Europe de l'Ouest (Espagne, Irlande, Allemagne, France…) : notre pays et nos voisins directs sont parmi les plus sûrs du monde, ne l'oublions pas !

Chaque année, la carte du Global Peace Index donne des éléments très détaillés sur la sécurité dans chaque pays du monde. C'est un classement établi par le magazine *The Economist* et un jury d'experts. Vous pouvez le consulter sans hésiter.

Et les destinations les moins sûres ?

Évidemment, les zones de guerre ou à très fortes tensions politiques sont à éviter ! En regardant la carte du ministère des Affaires étrangères, vous verrez rapidement qu'une grande partie du Proche et du Moyen-Orient ainsi que du Sahel n'est pas recommandée (Syrie, Irak, Yémen, Libye, une partie du Liban et de l'Égypte).
En Afrique subsaharienne, une très large zone instable, de la Mauritanie jusqu'en Somalie, est vivement déconseillée.
En Amérique du Sud, certains territoires du Mexique, de Colombie, du Pérou et du Brésil sont déconseillés aux voyageurs.
En Asie, le Pakistan et l'Afghanistan sont fortement déconseillés également, ainsi que certaines zones des Philippines, de Birmanie ou de Malaisie.

Bon sens et instinct, vos meilleurs amis

Même en bas de chez vous, vous savez qu'il vaut mieux éviter de rêvasser à la terrasse d'un café en abandonnant votre smartphone sur la table… Ça, c'est votre bon sens qui vous le dit ! Quand vous empruntez une ruelle sombre et qu'une petite voix vous alerte « Tu es sûre ? », c'est votre instinct qui se manifeste. Eh bien, rassurez-vous, en étant seule dans un pays étranger, vous serez naturellement vigilante pour votre sécurité et vos affaires, bien plus qu'en voyageant en groupe ou en couple.

Sans être à l'affût du moindre mouvement, veillez à observer ce qu'il se passe autour de vous, notamment dans les lieux de passage : terrasses bondées, gares, lieux très touristiques… Quand vous vous promenez, regardez devant vous, mais aussi derrière ! Il ne s'agit pas de devenir parano, mais d'avoir une vision globale de votre environnement. À moins de passer votre temps à flâner le nez au vent et les yeux fermés, vous verrez que c'est une attitude assez naturelle que vous adoptez bien souvent au quotidien.

Quid du flirt ?
Vous le savez, le flirt est un ensemble de codes de séduction (regards, allusions, gestes…) qui ne mènent pas nécessairement à un passage à l'acte ou à une relation amoureuse. Si ces attitudes sont clairement identifiées comme du flirt dans notre culture, elles peuvent ne pas l'être à l'étranger. Vous pourriez être mal comprise, voire vous mettre en danger. Évitez les clins d'œil et renseignez-vous sur les habitudes relatives aux contacts physiques. S'ils sont très courants au Brésil, ils sont très mal vus au Japon, par exemple.

Sortir et faire la fête, c'est dangereux?
Dans la vie quotidienne, vous sortez rarement seule faire la fête et vous enivrer : vous pouvez compter sur vos amis pour veiller à ce que vous rentriez sans problème. En voyage solo, les personnes de confiance sont plus rares, et il est donc plus délicat de se laisser aller à rentrer ivre. C'est même vivement déconseillé ! N'oubliez pas que vous serez dans un environnement que vous ne connaissez pas et dont vous ne maîtriserez pas forcément les codes. Bien sûr, vous pouvez sortir boire un verre, mais restez sobre et veillez toujours à ce que personne ne glisse de drogue dans votre boisson.

L'attitude des hommes vis-à-vis de vous sera très différente d'un pays à l'autre, c'est pourquoi il est important de se renseigner sur votre destination au préalable. L'observation de votre entourage vous aidera à comprendre les relations et les comportements entre femmes et hommes. Si vous veillez à être respectueuse, vous ne devriez pas être embêtée. Et si l'on vous manque de respect ou que l'on vous suit, n'hésitez pas à demander de l'aide dans une boutique ou un hôtel.

Un des grands principes de la voyageuse en solo est de ne pas faire en voyage ce que vous ne feriez pas chez vous : sortir la nuit dans un quartier mal famé, laisser vos affaires sans surveillance ou donner votre adresse à un total inconnu ne vous viendrait pas à l'idée? En appliquant ces principes pendant votre voyage, vous devriez rester en sécurité !

En cas d'agression, que faire?

Il existe très peu de statistiques sur les agressions en voyage. La très grande majorité des voyages se passent sans encombre, mais même si peu de témoignages rapportent de tels actes, il ne faut pas négliger cette éventualité.

Pour les voyageurs français victimes d'agression

Ou encore d'agression sexuelle, de vol ou d'attentat à l'étranger, le ministère des Affaires étrangères a publié le guide « Être victime à l'étranger », très clair, qui explique la procédure à suivre si cela vous arrive.
http://www.diplomatie.gouv.fr/IMG/pdf/guide_etre_victime_a_l_etranger_cle4e5fe5.pdf

En cas d'agression sexuelle, le guide préconise de s'adresser le plus rapidement possible au consulat de France, qui sera en mesure de vous orienter vers les services médicaux, psychologiques et de police compétents.

Il est conseillé de consulter un médecin sans se laver ni se changer afin qu'il constate l'agression sexuelle, et prescrive éventuellement les médicaments nécessaires. Enfin, il est suggéré de porter plainte sur place et de bien conserver tous les documents médicaux et judiciaires. Si vous ne parlez pas la langue locale, le consulat pourra vous aider dans les démarches à suivre.
À votre retour en France, vous pourrez également porter plainte contre votre agresseur. C'est ensuite le parquet français qui décidera ou non d'ouvrir une instruction judiciaire. Les Français victimes d'agression trouveront de l'aide et du soutien juridique et psychologique auprès de l'INAVEM (Institut national d'aide aux victimes et de médiation).

Et si la police locale est corrompue?
Dans certains pays, le pouvoir de la police locale contre la criminalité est quasiment nul. Porter plainte auprès des autorités locales peut donc s'avérer au mieux inefficace, voire carrément dangereux. Si vous avez le moindre doute, posez la question au consulat de France et à des personnes en qui vous avez confiance sur place.

En cas de vol, vous devez d'abord établir la liste de ce qui vous a été dérobé, puis en informer le consulat (surtout si on vous a volé vos documents d'identité). Vous devez également porter plainte auprès des autorités locales et prévenir votre assurance. En fonction de votre contrat, une assistance peut être mise en place. Enfin, si on vous a volé vos moyens de paiement ou vos billets d'avion, prévenez vote banque et la compagnie aérienne.

Témoignage de Laurie, 29 ans

« Je me suis fait voler un peu d'argent et mon appareil photo dans une rue au Brésil. J'ai tout donné sans opposer de résistance avant de rentrer à l'hôtel tremblante de peur. Quand j'en ai parlé autour de moi, les gens ont été très gentils et compatissants, ça m'a fait beaucoup de bien ! Et puis, je me suis rendu compte que ce n'était que matériel, ça aurait pu être bien plus grave… »

Astuces de voyageuses pour partir sereines

Comment faire en sorte que tout se passe bien ? Des voyageuses en solo partagent leurs meilleurs conseils !

Avec les hommes

Marie, 30 ans : « Je garde dans mon téléphone une photo de moi avec mon meilleur ami. Quand on me drague trop lourdement, j'explique poliment que je suis mariée et je montre la photo. Je peux même détailler comment il s'appelle, ce qu'il fait dans la vie… Et on me laisse tranquille. »

Lucie, 27 ans : « Je pars toujours avec une bague en guise d'alliance, même si je ne suis pas mariée. C'est très dissuasif ! »

Aveline, 23 ans : « En Égypte, j'ai subi un grand irrespect. Pour les hommes, j'étais seule donc j'étais une prostituée. Pour ne pas me faire embêter, je prétendais que je ne parlais ni la langue, ni l'anglais… ça les décourageait vite. »

Sonia, 25 ans : « Au cours de mon voyage, j'ai appris à dire "non" poliment mais fermement. Cela marche beaucoup mieux que de dire : "C'est gentil, mais je ne préfère pas". »

Laurie, 29 ans : « J'essaie de comprendre le rapport entre hommes et femmes en observant beaucoup ce qui se passe autour de moi. Je fais attention à respecter les coutumes locales, notamment vestimentaires, pour ne choquer personne et ne pas être un objet de désir : je porte des vêtements plutôt amples et pas transparents. »

En balade

Sarah, 25 ans : « Je fais attention à ne pas trop ressembler à une touriste déguisée en vêtements Quechua de la tête aux pieds, mais j'essaie plutôt de me vêtir comme les locaux ou les expatriés occidentaux. Je m'habille toujours de façon discrète, sobre et confortable. Je ne porte pas de bijoux ou d'objets de valeur et je ne sors pas mon guide de voyage. Je suis moins identifiée comme une cible pour les voleurs ou les agresseurs. »

Evelyn, du blog journeywoman.com : « Je me procure un sac ou tote bag d'une épicerie ou boutique locale pour y transporter mes affaires et je laisse mon sac à dos à l'hôtel. Qui volerait un sac d'épicerie ? »

Juliette, 26 ans : « Je ne compte jamais mon argent en public ! D'ailleurs, je sors toujours avec peu d'argent liquide et je laisse le reste dans le coffre de ma chambre d'hôtel. »

Claire, 26 ans : « Si je ne me sens pas à l'aise dans une rue parce que j'ai l'impression qu'on me suit, j'ai plusieurs stratégies. Soit je retourne sur mes pas comme si j'avais changé d'avis sur mon itinéraire, soit je demande mon chemin à quelqu'un, soit j'entre dans une boutique. En général, ça décourage la personne qui me suivait. »

A l'hôtel

Émilie, 29 ans : « Je choisis toujours une chambre d'hôtel en étage élevé. Au rez-de-chaussée, il y a beaucoup de passage et il est plus facile d'y pénétrer par la fenêtre ou le balcon. »

Lara, 23 ans : « Je ne suis jamais sortie sans avoir dans ma poche la carte de mon hôtel ! Au moins, j'étais sûre que si je me faisais voler mes affaires, je ne serais pas complètement perdue. »

Dans les transports

Marie, 30 ans : « Que ce soit en avion, en train ou en bus, je garde dans mon bagage cabine tout ce qui est précieux (papiers, appareil photo, argent…). J'y ajoute mon petit « nécessaire de survie » (brosse à dent, culotte de rechange, médicaments…) au cas où mon bagage principal serait volé. Au pire, je ne perdrais que des vêtements. Pour dormir, je glisse les choses les plus importantes dans la taie d'oreiller. »

Déborah, 26 ans : « Mon sac à dos ayant plein de poches, j'ai investi dans un "flight bag", une grande housse que je peux fermer avec un cadenas. Je suis sûre de ne rien perdre si une poche s'ouvre pendant un trajet, et c'est sécurisé. »

Laurie, 29 ans : « En train, je ne prends jamais les compartiments à seulement deux couchettes car je ne sais jamais sur qui je vais tomber ! Ça marche aussi en auberge de jeunesse. »

Copiez vos documents importants !
Il est très important de partir avec une copie de vos documents importants : passeport, visa, permis de conduire, billets d'avion… Vous pouvez les photocopier ou bien conserver une version électronique sur une clé USB ou dans votre boîte mail. Elles vous seront très utiles en cas de vol de vos documents d'identité ou de voyage.
Dans certains pays où les services de police peuvent être corrompus (c'est le cas dans de nombreux pays comme le Mexique, le Brésil, le Venezuela, la Russie…) il est même recommandé de ne pas sortir avec son passeport mais seulement avec la copie. En cas de contrôle, certains officiers de police pourraient vous demander de l'argent pour vous laisser récupérer votre passeport.

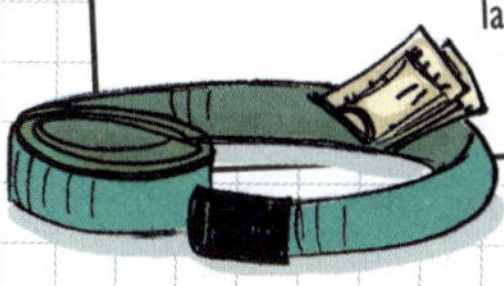

Ma check list « sécurité »

Pour être sûre de ne rien oublier, la liste à cocher avant tout voyage en solo !

- Je me renseigne sur ma destination et ses actualités en matière de sécurité.
- Je donne mon itinéraire à mes proches et je m'inscris sur le site Ariane qui signale au ministère des Affaires étrangères que je suis partie à l'étranger.
- Je souscris une assurance voyage et fais éventuellement assurer mon matériel (smartphone, appareil photo…).
- Je fais des copies (numériques et/ou papier) de tous mes documents d'identité qui me seront très utiles en cas de vol.

- J'enregistre le numéro et l'adresse de l'ambassade ou du consulat de France.
- Pour les destinations où les vols sont fréquents, je me munis d'une ceinture à billets pour transporter mon argent et mes papiers sur moi.
- J'évite de montrer des signes extérieurs de richesse : appareil photo, bijoux, argent…
- Je m'habille sobrement en respectant les usages locaux (voir le chapitre 4).
- Je privilégie les compagnies de taxis homologuées.
- Je fais attention à ce que je bois.
- J'écoute mon instinct et je reste vigilante.
- Je donne de mes nouvelles régulièrement à mes proches en France !

À vous de compléter…

- ……………………………………………
- ……………………………………………
- ……………………………………………
- ……………………………………………
- ……………………………………………
- ……………………………………………
- ……………………………………………
- ……………………………………………
- ……………………………………………
- ……………………………………………
- ……………………………………………
- ……………………………………………
- ……………………………………………
- ……………………………………………

Chapitre 3

Un voyage en solo, ça ressemble à quoi ?

Vous n'êtes pas obligée d'aller au bout du monde !

En termes de voyage, les possibilités sont quasiment infinies. Et dans l'imaginaire collectif, le voyage « ultime » est très souvent associé à l'expédition au bout du monde, en mode découverte de tribus inconnues, avec son lot de péripéties et de galères. Mais faut-il à tout prix s'embarquer dans ce genre d'aventure pour être une « vraie » voyageuse en solo ? Bien sûr que non ! Et c'est tant mieux, car c'est aussi l'assurance de pouvoir entreprendre un voyage qui vous correspond vraiment.
Avant de vous lancer, il est donc important de bien réfléchir à ce que vous avez envie de faire et non à ce que doit être un voyage en solo aux yeux des autres. Vous préférez partir 5 jours à Majorque plutôt que 6 mois en Australie ? Vous avez vos raisons, vos préférences et vos affinités : votre voyage n'en sera pas moins important dans votre parcours, et intéressant à vivre et raconter.

Ce voyage est pour vous, faites-vous plaisir !

Vous l'aurez compris, au cours de ce voyage, il sera beaucoup question de… vous ! Ne vous méprenez pas, il ne s'agit pas de devenir égocentrique, mais de penser à votre bien-être : ce que vous aimez, ce que vous souhaitez, ce qui vous fait vibrer…

En y réfléchissant, vous vous rendrez peut-être compte que les occasions de jouir d'une liberté totale sont rares au quotidien. Logiquement, saisir l'opportunité de vous dire « maintenant, je fais ce que je veux » est un des premiers bienfaits du voyage en solo. L'horaire de votre billet retour sera presque votre seule contrainte. Pour le reste, organisation, visites, itinéraires, transports..., vous êtes libre. Toutes vos envies peuvent être écoutées, n'ayez pas peur des plans sur la comète ! Certains seront impossibles, mais d'autres seront réalisables, et ça, c'est vraiment motivant.

Voyager en solo, c'est aussi l'occasion de vous chouchouter, de penser à toutes ces petites choses que vous n'avez pas toujours le temps de vous accorder au quotidien : un massage, une manucure, un après-midi au spa, un bon roman policier, un dîner sur un rooftop... En un mot : profitez !

Ma liste de petits plaisirs

- Boire de délicieux thés
- Ramasser des coquillages
- ....
- ....
- ....
- ....

Témoignage de Lara, 23 ans

« J'ai adoré voyager en solo, tout préparer, vivre à mon rythme... Personne pour me dire un : "Tu es sûre que tu ne veux pas aller dans tel musée ?" plein de sous-entendus ! Mais j'ai été surprise de trouver ça un peu fatiguant parfois. Après une journée bien remplie à visiter une ville, je n'avais parfois plus vraiment le courage de choisir un restaurant ! Je me suis rendu compte que j'avais l'habitude de déléguer certaines tâches sans en avoir conscience, alors que là, j'étais obligée de me demander : "De quoi tu as envie, maintenant ?" et de le faire ! »

Mais au fait, je pars où ?

La destination est évidemment l'élément primordial ! Elle doit correspondre à vos attentes et vos envies du moment pour ce voyage particulier. Face à une mappemonde, vous êtes un peu perdue ? Comment trouver la destination qui vous conviendra ? Voici quelques pistes...

Choisir la bonne destination

S'il y a déjà une destination ou un continent dont vous rêvez depuis longtemps, le choix sera facile : foncez ! Enfin, vérifiez la météo avant, histoire de ne pas vous retrouver sous les trombes d'eau de la mousson asiatique... Pour celles qui hésitent, voici une liste de questions pour affiner votre choix :

- Où êtes-vous déjà allée et qu'avez-vous apprécié ?
- Quelles sont les destinations de votre « bucket list » ?
- Avez-vous envie de découvrir d'autres pays de la même région ?
- Avez-vous envie de visiter un ou plusieurs pays ?
- Avez-vous envie de mer ou de montagne ? de soleil ou de fraîcheur ?
- Avez-vous envie de nature ou de ville ?
- Quelles sont les conditions météo ? Quelle est la meilleure période pour partir ?
- Qu'est-ce que vous n'avez pas aimé dans vos précédents séjours ?
- Quelles sont les activités que vous aimeriez faire ? les monuments que vous aimeriez voir ?

En fonction de tous ces critères qui vous sont propres, la liste de destinations va se réduire d'elle-même. Et puis, si vous avez toujours rêvé de voir New York avec votre meilleure amie, vous pouvez peut-être l'écarter de la liste en attendant qu'elle vous y accompagne.

Le budget que vous pouvez/souhaitez consacrer à ce voyage sera aussi déterminant ! Selon les périodes, les villes de départ et d'arrivée, les compagnies… les billets d'avion ou de train seront plus ou moins onéreux. Renseignez-vous sur le coût de la vie sur place, qui représente une part non négligeable du budget, surtout en solo (vous trouverez toutes les astuces « budget » dans le chapitre 4). Et une fois armée de tous ces renseignements, vous serez prête pour réserver vos billets !

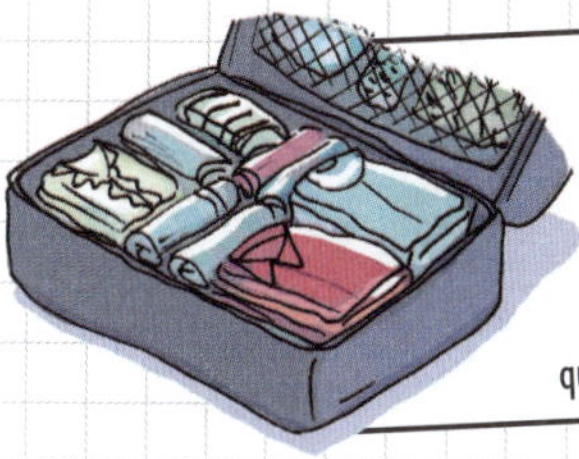

Le site quandpartir.com est très pratique pour choisir sa destination. En fonction de la période, du climat souhaité et du budget, il propose une sélection de destinations. Vous pouvez même choisir la température minimale que vous souhaitez !

Témoignage d'Aveline, 32 ans

« Pour moi, trois critères doivent être impérativement réunis : gastronomie, sites archéologiques et soleil ! J'ai donc visité la Sicile, la Grèce, l'Espagne, la Tunisie et l'Égypte en solo. »

Je me trouve un bon prétexte

Parmi les critères de choix pour une destination, le « bon prétexte » peut faire des miracles ! Votre cousine que vous n'avez pas vue depuis 5 ans a emménagé à Los Angeles ? Allez lui rendre visite avant de sillonner les routes de Californie ! Vous avez toujours rêvé de voir des baleines ? Ciblez les meilleurs spots de la planète et choisissez-en un qui vous attire particulièrement !

Ce « bon prétexte » sera le point d'ancrage de votre voyage, c'est peut-être même lui qui vous décidera à prendre vos billets. Il vous permettra de vous recentrer sur cet objectif quand vous vous demanderez « qu'est-ce que je suis venue faire dans cette galère ? » (oui, ça arrive…), et ce sera une réponse parfaite à toutes les personnes qui vous demanderont pourquoi vous êtes partie seule à cet endroit de la planète.

Vous voulez…

- **Voir des aurores boréales :** la Norvège, la Suède, l'Islande, le Groenland, le Canada, l'Alaska, la Russie…
- **Voir des lacs magnifiques :** le Canada, la Russie (Baïkal), la Croatie (Plitvice), le Tibet (Yamdrok Tso), la Birmanie (Inle)…
- **Voir des sites archéologiques :** le Cambodge (Angkor), le Mexique, la Turquie, l'Égypte, le Pérou…
- **Voir des animaux sauvages :** l'Argentine (Valdés), le Brésil (forêt amazonienne), le Canada (parcs naturels), l'Australie, le Kenya…
- **Voir des espèces sous-marines :** l'Égypte, le Mexique (Yucatán), le Belize, la Polynésie française, la Thaïlande…
- **Voir des baleines :** le Mexique, le Canada, la Colombie, la Nouvelle-Zélande, l'Afrique du Sud, Hawaï…

Mon voyage, comment je le choisis ?

Ça y est, vous avez une destination ! C'est un premier point, mais il reste tout à construire et c'est ça qui est vraiment amusant. Penser à son voyage et le préparer est une étape importante pour se faire à l'idée du voyage en solo, surtout si vous partez longtemps.

Une question de durée

Évidemment, votre voyage en solo ne sera pas le même si vous partez 6 jours ou 6 mois ! La durée de cette escapade loin de chez vous déterminera ce que vous aurez le temps de faire et de voir, et votre manière de le préparer.

Je pars 3 à 5 jours

Le grand week-end est idéal pour tester le voyage en solo ! Vous aurez le temps de visiter une ville ou une petite région, d'arpenter quelques expositions, de faire les boutiques, de flâner dans les rues, d'apprivoiser les dîners au restaurant et les soirées à l'auberge de jeunesse… Une vraie bouffée d'air dans votre quotidien !

Risque d'ennui : très faible.

L'astuce : partir à 4 heures de vol maximum, vous éviterez le décalage horaire.

Je pars 1 semaine à 10 jours

Vos premières vacances en solo ! Parfait pour visiter une ville en profondeur, pour faire des escapades à la journée ou même voir deux villes du même pays. Vous allez commencer à tester votre résistance aux petites galères, mais aussi déconnecter réellement de votre quotidien et vous tourner plus facilement vers les gens.

Risque d'ennui : faible, mais il pourrait pointer son nez.

L'astuce : prenez un livre de plus que prévu, on lit plus quand on est seule !

Je pars 3 semaines à 1 mois

Les grandes vacances en solo ! Sur cette durée, vous aurez le temps de vivre plusieurs voyages en un : passer un peu de temps en ville, partir au fin fond de la campagne, vous arrêter plusieurs jours à la plage… Vous allez rencontrer des tas de gens différents, mieux comprendre la culture du pays, gagner en flexibilité et saisir de super opportunités : dites-vous que si un endroit ne vous plaît pas, vous pouvez changer vos plans ! Mais grâce à ce dépaysement, vous aurez aussi de nombreuses occasions de prendre du recul sur certains éléments de votre vie et de les voir d'un œil neuf. Vous rentrerez boostée, c'est tentant, non ?

Risque d'ennui : possible… qui ne s'ennuie pas une seule seconde en un mois ?

L'astuce : achetez une carte SIM locale qui vous permettra d'accéder à Internet et de téléphoner.

Je pars 3 à 4 mois

Vous allez faire un vrai break ! Par exemple, vous pouvez prévoir d'arpenter un pays en long en large et en travers, de visiter plusieurs pays ou bien de vous installer quelque temps dans une ville pour y trouver un petit boulot. Vous allez approfondir votre connaissance de la culture et des mœurs locales, devenir une vraie pro des galères en tout genre et des moyens de transport les plus loufoques, dépasser des limites que vous ne soupçonniez pas et relativiser sur beaucoup de choses du quotidien. Vous allez lâcher prise et laisser de plus en plus de place à votre capacité d'émerveillement.

Risque d'ennui : plus ou moins important, mais vous avez du temps devant vous, ça ira mieux dès le lendemain.

L'astuce : prévoir la visite d'une copine, de vos parents ou de votre amoureux pendant quelques jours ou semaines.

Je pars 6 mois à 1 an

Une sacrée aventure ! Là, vous pouvez envisager de faire le tour du monde, de vous installer dans un pays pour y travailler, de rejoindre un projet humanitaire… Vous allez mettre à l'épreuve votre capacité d'adaptation et votre résistance à l'effort, à l'éloignement, aux situations incongrues… Vous allez apprendre la langue locale, faire des tonnes de rencontres et nouer des liens avec des personnes qui deviendront peut-être des amis, vous forger une grande expérience de l'autre et forcément gagner en ouverture d'esprit. Sur une si longue période, vous aurez même le temps de changer de métier, de devenir une pro de la méditation…

Risque d'ennui : très présent, mais ce voyage va devenir votre quotidien, donc vous saurez forcément gérer.

L'astuce : prévoir votre trajet afin de pouvoir rentrer pour les fêtes, comme des vacances dans le voyage.

Bâtir son voyage soi-même, la liberté !

Vous voilà seule maîtresse à bord… En fonction de la destination, de la durée du séjour, de votre budget et de vos envies, plusieurs options s'offriront à vous. Une chose est sûre : votre voyage sera unique !

Le road trip ou rail trip

Pour les amatrices de paysages et d'itinéraires mythiques, celles qui aiment changer de lieu tous les deux jours et voir sans cesse de nouvelles têtes.

Où aller ? Les grands territoires sont parfaits ! Vous pouvez emprunter la mythique route 66 aux États-Unis ou parcourir les côtes australiennes. Les billets Interrail (www.interrail.eu) vous permettront de parcourir l'Europe en train, et la Russie se traverse très facilement en Transsibérien, la plus longue voie de chemin de fer au monde.

Pour conduire en dehors de l'Union européenne, pensez à faire faire votre permis de conduire international, gratuit en préfecture (https://www.service-public.fr/particuliers/vosdroits/F11534). Il n'est pas obligatoire partout, mais facilitera la location d'une voiture et les éventuels contrôles de police.

Conseils pour un road trip ou rail trip réussi

- Le road trip en solo peut s'avérer fatiguant si les distances sont longues.
- Renseignez-vous bien sur l'état des routes (elles sont mauvaises en Russie, privilégiez le train).
- Prévoyez l'accès au carburant : les stations service classiques n'existent pas dans le monde entier !
- Certaines routes dans le monde, par exemple en Birmanie, sont interdites aux étrangers.
- Il y a peu de trains au Brésil, et certaines zones sont dangereuses pour les conducteurs qui peuvent se faire agresser et voler sur la route par des bandes organisées. Mieux vaut se déplacer en bus ou en avion !

Le voyage itinérant

Pour les filles qui ont envie de poser leurs valises dans plusieurs régions d'un pays. Bus de nuit, avion, bateau… peu importe le moyen !

Où aller ? Les pays d'Asie du Sud-Est ou d'Amérique latine offrent plein de possibilités de ce type. Vous pouvez traverser l'Argentine de Buenos Aires à Ushuaïa, prévoir un itinéraire chargé d'histoire entre Phnom Penh et Siem Reap au Cambodge ou visiter les incontournables birmans, de Bagan au lac Inle en passant par Mandalay.

Apprêtez-vous à passer de nombreuses heures dans des bus, souvent trop climatisés ! Même si la température extérieure est élevée, vous serez contente d'avoir prévu de quoi vous couvrir. Renseignez-vous bien sur les temps de trajet, car les routes ne sont pas toujours en bon état et vous pourrez mettre de longues heures pour parcourir 100 km !

Comment créer un itinéraire quand on ne connaît pas le pays ?

Les guides de voyage vous aideront à cibler les lieux à ne pas manquer et vous donneront des indications indispensables sur les temps de trajet. Les blogs de voyageurs regorgent de conseils pour affiner votre choix, avec des expériences vécues, des sites parfois moins connus, et des indications pour savoir combien de temps rester dans un lieu. Si vous optez pour un voyage thématique – route des vins, meilleurs spots de plongée… – regardez les itinéraires proposés par les agences spécialisées. Vous pourrez piocher parmi les lieux qu'elles proposent et vous arranger pour y aller par vous-même.

Le city-trip

Pour celles qui aiment les musées, l'architecture, le shopping, les terrasses de café… Pour éviter le surmenage, prévoyez des balades dans les parcs ou les quartiers plus résidentiels qui reflètent souvent la « vraie vie » sur place.

Où aller ? Les capitales sont idéales, évidemment ! Le choix est immense et toutes ont leur spécificités… Choisissez New York pour ses lieux mythiques et ses boutiques, Vienne et Prague pour leur architecture, Berlin pour les promenades et les soirées, Oslo pour ses fjords…
Renseignez-vous au préalable sur les transports en commun et les billets valables plusieurs jours (certains sont parfois couplés avec des entrées de musées). Pour éviter les surprises, renseignez-vous aussi sur les tarifs des taxis, qui varient énormément d'un pays à l'autre !

Le stage découverte ou perfectionnement

Pour celles qui aiment allier l'utile à l'agréable, en apprenant à faire de la plongée, à perfectionner leurs techniques de yoga ou à améliorer leurs rudiments d'italien. Si vous craignez le côté trop « scolaire », prévoyez quelques jours de temps libre à la fin du séjour.

Où aller ? Là où l'on vous propose le stage qui vous correspond le mieux. Vous pourrez plonger en Indonésie, à Raja Ampat, ou perfectionner votre salutation au soleil dans le Nord de l'Inde à la Bihar School of Yoga. Prenez des renseignements sur le sérieux des structures avant de partir afin d'éviter des déconvenues sur place, dans la presse et sur les blogs. Ou peut-être qu'un de vos proches peut vous orienter ?

Le voyage détente

Pour celles qui n'imaginent pas un voyage sans « chiller » à la plage, qui ont besoin de cocktails de fruits et d'eau transparente.

Où aller ? Sur les plages d'Amérique centrale, de Bali ou en Thaïlande. Plus près de nous, les îles grecques sont elles aussi paradisiaques.
Au fil de vos recherches, vous trouverez plein d'idées de choses à faire sur place. Ne vous limitez pas, personne ne sera là pour dire qu'il ou elle n'a pas envie de vous suivre. Faire de la montgolfière ?

Une formule à la carte, pour être tranquille
Si l'organisation n'est pas votre fort, mais que vous stressez à l'idée de ne rien prévoir à l'avance, vous pouvez choisir l'option « à la carte ». Des organismes proposent des itinéraires et programmes 100 % personnalisés en fonction de votre destination et de vos envies. Évidemment, ce genre de service a un coût plus élevé que si vous vous organisez par vous-même.

Visiter le musée de la dentelle local ? Et pourquoi pas, après tout ? Pour trouver l'inspiration, consultez les **city guides insolites,** les **blogs**, les **sites des offices du tourisme** et des **musées** pour les expos ou événements... Vous pouvez même lancer un appel aux bons plans auprès de vos contacts sur Facebook, Twitter ou Instagram ! Souvent, ces recommandations permettent de ne pas se tromper et de sortir des sentiers battus.

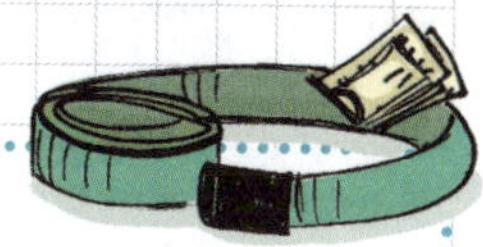

Témoignage de Déborah, 26 ans

« En voyage solo, j'essaie de m'arranger pour trouver des bons plans d'hébergement chez des connaissances, des connaissances de connaissances, etc. Je me suis retrouvée à dormir deux nuits chez la grande tante d'un collègue à Montréal, c'était très amusant ! Ça me permet de faire des économies et de me plonger immédiatement dans la vie locale. »

Rejoindre un groupe, c'est possible !

Vous l'aurez compris, voyager seule, ce n'est pas forcément vivre un exil ! Vous pouvez partir pour un événement précis qui regroupe jusqu'à des dizaines de milliers de personnes. Voici quelques exemples à expérimenter sans crainte quand on est une fille !

Pour faire le plein de moments hors du commun : le Burning Man (www.burningman.org) se tient chaque année dans le Nevada, aux États-Unis. Lors du festival, autosuffisant, une cité nomade est construite de toutes pièces et disparaît intégralement à la fin. Au programme ? Tout, et surtout de l'inattendu ! Concerts, spectacles, expériences artistiques... Côté sécurité, aucun souci à se faire, d'autant que l'organisation du festival veille au grain.

Pour se connecter avec la nature : il existe des stages d'apprentissage de vie en forêt ou en montagne, par exemple avec EVN (www.ecole-vie-nature.com). En petits groupes avec des moniteurs spécialisés, les participants développent leur autonomie pour manger, se repérer, être en sécurité... De quoi ressortir plus confiante, avec l'esprit allégé.

Pour vivre des aventures sportives : des organismes comme l'UCPA (www.ucpa-vacances.com) sont spécialisés dans les séjours sportifs, été comme hiver, en France ou à l'étranger. Là, vous allez rejoindre un petit groupe et passer quelques jours ou semaines à pratiquer ensemble un sport que vous aimez, tout en jouissant de votre temps libre comme vous le souhaitez.

Pour cultiver la terre : le « woofing » est une pratique de plus en plus courante des voyageurs en solo : le mot est issu de l'acronyme WWOOF pour « World Wide Opportunities on Organic Farms ». Il s'agit de participer à la vie et à l'activité de fermes biologiques implantées un peu partout dans le monde, en fonction de votre disponibilité. Certains voyageurs en profitent pour visiter de nombreux pays tout en apprenant à cultiver la terre, à élever des animaux, à construire des maisons… Renseignements sur : www.wwoof.fr et www.wwoofinternational.org.

Le séjour pour célibataires, je tente?
De très nombreux sites de voyage proposent des formules « spécial célibataires », d'autres comme Les covoyageurs ou Coviago misent carrément sur les rencontres par affinités. Est-ce que vous allez trouver l'amour au bout du monde? Avouez que c'est tentant… Juliette a essayé : « Ça n'a pas marché, mais c'était très sympa! Sans ça, j'avais peur de ne rencontrer personne pendant mes vacances. Les gens n'étaient pas dans la séduction à tout prix, mais plutôt là pour croiser des personnes qui leur ressemblaient. Au final, on était un peu hors du monde et hors du temps. »

Faire de l'humanitaire ou partir travailler, c'est bon pour le CV !

Si vous voulez donner du sens à votre voyage et en profiter pour offrir de votre temps aux autres, il est possible de rejoindre un projet humanitaire, au sein d'une ONG ou d'une association.

Je définis mon projet

Partir en mission humanitaire demande d'être plus préparée que pour un simple voyage. Il faut d'abord avoir tous les renseignements en main : quelle structure allez-vous rejoindre (ONG française ou internationale, association locale…)? Combien de temps souhaitez-vous partir? Quels sont les détails de la mission? Quelle population allez-vous côtoyer sur place? Quels sont les dangers éventuels de la zone d'intervention? Quel est le contexte politique? Même bien renseignée, vous aurez de très nombreuses surprises une fois sur place, donc mieux vaut avoir un projet solide!

Je questionne mes motivations

L'humanitaire n'est pas fait pour tout le monde. Interroger ce qui vous pousse à partir est donc nécessaire : partez-vous par simple philanthropie ? Pour défendre une cause ? Est-ce que vous ne cherchez pas à fuir vos problèmes ? Voulez-vous faire carrière dans l'humanitaire ou faire une parenthèse dans votre vie ? Quelles compétences avez-vous et lesquelles souhaitez-vous acquérir ? Les humanitaires sont confrontés à des situations de guerre, de pauvreté, de violence… qu'il faut gérer au quotidien une fois sur place. Avant de partir, les structures qui proposent les missions « évaluent » donc les candidat(e)s au départ, pour s'assurer qu'ils sont prêts physiquement et psychologiquement à partir. Les missions à l'étranger mettent à l'épreuve la gestion du stress, la capacité à travailler en équipe et à s'adapter à des populations et cultures diverses, la flexibilité… Prenez le temps de bien y réfléchir et ne vous précipitez pas.

Qu'est-ce que ça apporte ?

Chaque expérience est unique, mais même de courte durée, les missions ont généralement un impact fort sur les personnes qui tentent l'aventure.

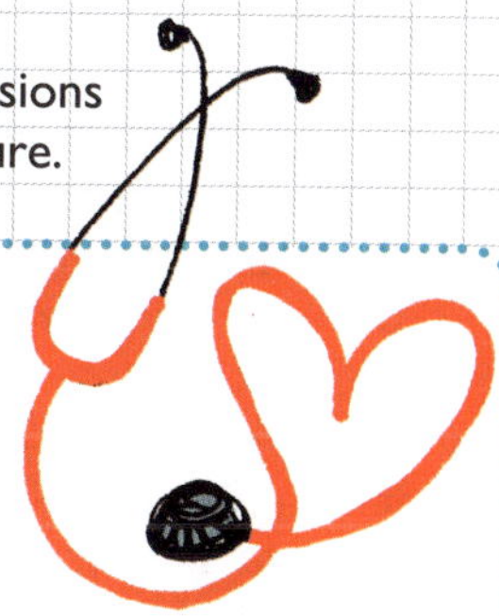

Témoignage de Marie, 26 ans

« Je suis partie 6 mois à Kaboul comme infirmière pour une association quand j'avais 24 ans. Et je suis devenue accro des voyages ensuite ! J'ai beaucoup parlé de ce projet avec mes parents qui m'ont aidée à me poser les bonnes questions, notamment sur la sécurité. Partir en humanitaire m'a paradoxalement beaucoup apporté sur le plan personnel : me découvrir, apercevoir que mes limites étaient plus reculées que je ne le pensais. À l'étranger et seule, le statut social ou les conventions auxquels on est habituée tombent, je me suis découverte plus ouverte que jamais en ayant un respect profond pour les gens que je rencontrais. Je me suis vraiment épanouie en Afghanistan. »

Témoignage d'Alice, 26 ans

« Je suis partie deux fois 15 jours en mission au Cambodge, pour aider à la construction d'écoles. Ça paraît idiot à dire, mais c'est une grande leçon d'humilité et ça m'a permis de rencontrer des habitants et de comprendre leurs préoccupations, alors que je ne les aurais pas croisés en voyage. Ça permet d'ouvrir les yeux sur le monde, d'apprendre à respecter sincèrement d'autres cultures et modes de vie. »

Quelles compétences sont nécessaires ?

Que vous partiez en étant bénévole ou rémunérée, les compétences requises pour les missions humanitaires varient énormément et de très nombreux corps de métier sont demandés : professionnels de la santé ou de l'éducation, chefs de projet, logisticiens… Si vous justifiez de quelques années d'expérience en France, vous aurez plus facilement accès à des missions car les structures cherchent des compétences précises qui leur seront utiles.

Témoignage de Tiphaine, 30 ans

« J'ai fait le choix de ne pas partir tout de suite après mes études car avec une première expérience professionnelle en France, je savais que je pourrais trouver des missions plus intéressantes à l'étranger. Je suis finalement partie deux ans au Tchad en laissant tout derrière moi. Financièrement, je voulais partir en étant rémunérée, car il faut aussi penser au retour en France ! »

Attention aux arnaques !

Il existe de très nombreuses ONG ou associations qui proposent de rejoindre des missions humanitaires. Pour être certaine de faire le bon choix, renseignez-vous sur la structure : est-elle reconnue en France et/ou dans le pays de destination ? Est-ce que les financements sont transparents ? Le contenu de la mission est-il détaillé ? L'organisme est-il facilement joignable pour obtenir des renseignements ? Et vous pouvez aussi vérifier qu'il n'est pas lié à une secte grâce à l'Unadif (www.unadif.org).

Lorsque vous intégrez une association locale, les frais de transports sont généralement à votre charge. Selon les types de structures et de missions, une somme d'argent pour participer au projet vous sera peut-être demandée : là aussi, vérifiez que cet argent sera utilisé pour le bon déroulement de la mission et la population locale. N'envoyez jamais cet argent au préalable : certains faux organismes arnaquent tout simplement les volontaires !

Enfin, méfiez-vous du « volontourisme », très en vogue ces dernières années : des tours-opérateurs proposent des circuits touristiques « humanitaires » souvent très onéreux, qui mêlent vacances et aide aux populations locales. Ces pratiques inquiètent les ONG car elles peuvent laisser penser que le travail humanitaire est facile et fait pour tout le monde.

Bon à savoir

- Les structures demandent généralement d'avoir validé une formation initiale (lycée ou université).
- Une première expérience dans l'humanitaire en France est un critère de sélection fréquent.
- Un bon niveau d'anglais est très souvent requis.
- Les humanitaires en mission à l'étranger ne sont pas soumis aux cotisations sociales. Une fois rentrée, vous ne pourrez pas bénéficier d'allocations chômage, à moins d'avoir eu une activité avant votre départ.
- Certains pays demandent des visas spécifiques pour les humanitaires, renseignez-vous bien si vous organisez votre départ seule.

Quèsaco ?

Chantiers internationaux : c'est souvent un premier pas vers l'humanitaire, sur des missions courtes et sans qualification particulière. Les missions sont orientées vers la construction, la restauration, le social… Vous ne serez pas payée, mais l'hébergement et la nourriture sont généralement compris. Renseignements : www.volontariat.org.

Service volontaire international (VSI) : les volontaires rejoignent des associations agréées par l'État français pour une durée maximum de 2 ans. Renseignements : www.france-volontaires.org et www.servicevolontaire.org.

Volontariat international en entreprise (VIE) : il s'agit d'intégrer une entreprise française à l'étranger pour une mission de plusieurs mois. Les VIE sont réservés aux personnes de 18 à 28 ans, et sont rémunérés. Renseignements : www.civiweb.com.

Le stage dans un objectif professionnel

Un stage, une formation ou une reconversion professionnelle peuvent aussi être de bonnes occasions de partir seule. Et, non, ce n'est pas réservé aux étudiant(e)s ! Une fois dans la vie active, il existe des solutions pour passer un peu de temps à l'étranger en acquérant de nouvelles compétences. Vous souhaitez vous reconvertir ? Cherchez un petit boulot dans le secteur visé à l'étranger : cela vous fera une première expérience à faire valoir de retour en France. Vous souhaitez apprendre à maîtriser un nouveau logiciel ? Guettez les formations proposées par les universités étrangères. Vous voulez perfectionner votre niveau en langues ? Voyez si vous pouvez poser un congé sans solde et devenir assistante de français pendant quelques mois…

Vous apprendrez une nouvelle culture du travail et du management : par exemple, aux États-Unis, respecter scrupuleusement ses horaires de travail est un signe d'efficacité, tandis que les Français sont accros aux heures sup. Vous prendrez du recul sur vos expériences précédentes et rapporterez peut-être même en France des pratiques nouvelles : au Japon, la sieste en entreprise est très répandue, c'est tentant non ?

De retour en France, ces expériences à l'étranger seront bénéfiques pour votre CV : au-delà des compétences techniques, cela montre que vous êtes courageuse, que vous vous adaptez facilement à de nouvelles situations, que vous maîtrisez une autre langue et que vous êtes prête à vous dépasser pour votre métier. Les recruteurs ne pourront qu'apprécier !

Le voyage minimaliste ou zéro déchet, c'est trendy !

Vous avez peut-être déjà adopté un mode de vie zéro déchet et/ou minimaliste. Dans ce cas, il est évidemment possible de continuer en voyage ! Mais cette aventure sera peut-être aussi l'occasion de modifier certaines de vos habitudes et de voyager de façon plus responsable : à nos yeux d'Européennes, la quantité de plastique utilisée en Asie ou en Inde paraît énorme. Un bon déclic pour réduire notre empreinte écologique sur la planète !

Le zéro déchet, quèsaco ? Bea Johnson, super star du mouvement zéro déchet et auteure du blog www.zerowastehome.com, utilise la devise des « 5R » pour l'expliquer : refuser, réduire, réutiliser, recycler, composter (le R de « rot » en anglais). Autant de préceptes à appliquer au quotidien, au boulot, en voyage…

Voyager zéro déchet, c'est possible ? Oui, bien sûr ! Être seule, c'est même l'occasion rêvée de vous lancer, au moins vous n'agacerez pas de compagnons de voyage peu compréhensifs en cherchant des poubelles de tri partout. Pour vous inspirer, la blogueuse Luizzati (www.luizzati.com) a testé plein d'astuces lors d'un tour du monde de 8 mois au cours duquel elle a produit seulement 2,8 kg de déchets.

Petit guide du zéro déchet en voyage

- Partir avec un kit « zéro déchet » : un sac de courses réutilisable, des sacs en tissu pour le vrac, un contenant pour les boissons, une gourde (filtrante de préférence), des couverts réutilisables (les fourchettes et les cuillères sont autorisées en cabine), une paille en inox, une serviette…
- Munie de ce kit, vous pouvez refuser les sacs plastique, les pailles, les emballages, les bouteilles d'eau… Mais aussi les prospectus, les tickets de caisse…

- Penser à trier : comme en France, de nombreux pays proposent des poubelles de tri dans l'espace public (et même parfois des poubelles à compost !).
- Acheter de la nourriture en vrac au marché.
- Remplir sa gourde après le contrôle à l'aéroport.
- Éviter d'imprimer les billets d'avion et autres confirmations de réservation : enregistrez tout ça dans votre smartphone ou notez les numéros dans votre carnet.
- Prendre les transports en commun ou le vélo.

Soyez indulgente avec vous-même si vous ne parvenez pas à la perfection du premier coup ! On dit qu'il faut 21 jours pour prendre une nouvelle habitude, mais en réalité chaque personne est différente : vous arriverez peut-être à refuser les sacs plastique mais oublierez toujours de préciser « sans paille, s'il vous plaît » ! Ce n'est pas grave, autant y aller étape après étape.

Le plein d'applis !

Bulk (www.zerowastehome.com/app) permet de localiser les lieux où trouver du vrac dans le monde. Zéro gâchis permet de guetter les réductions sur les produits à date dans des supermarchés français, belges et espagnols. Google maps ou Maps.me permettent d'enregistrer des cartes, Citymapper donne accès aux informations sur les transports en commun de plusieurs grandes villes du monde, adieu les plans papier ! TripIt vous permet de centraliser toutes vos réservations.

Défi ! Partez avec seulement un bagage cabine

Pourquoi se lancer là-dedans ? En un mot : lâcher-prise ! Vous gagnerez une énergie folle en ne transportant que le strict minimum plutôt qu'un énorme sac. Vous serez plus libre de vos mouvements et votre esprit ne sera pas encombré par toutes ces choses que vous risquez d'oublier, perdre ou vous faire voler. En prime, vous gagnerez du temps à l'aéroport en zappant l'enregistrement et la collecte du bagage et vous allez aussi produire moins de déchets : impossible de mettre des choses « au cas où » dans votre bagage…

Comment faire ?

- Utilisez un sac à dos ou une petite valise à roulettes plutôt qu'un week-end bag super rempli que vous devrez porter à bout de bras.
- Testez en partant dans un pays chaud, les vêtements sont moins lourds et encombrants.
- Réduisez au strict minimum : pour le reste, vous achèterez sur place et vous donnerez ce qui ne vous servira pas avant de rentrer.
- Munissez-vous de poches zippées pour organiser votre contenu : lors des contrôles à l'aéroport, vous aurez seulement à sortir celle des produits liquides et celle du matériel électronique.
- Privilégiez des vêtements qui vont tous les uns avec les autres : ça évitera de prendre ce petit haut qui ne va qu'avec cette jupe qui ne va qu'avec ces sandales… que vous ne mettrez qu'une fois pendant le séjour !
- Pensez aux produits d'hygiène solides : ils durent plus longtemps que les bouteilles et prennent moins de place.
- Optez pour la liseuse : pas besoin d'embarquer des tonnes de bouquins et de guides de voyage version papier.
- Prenez un foulard multifonction qui servira de foulard, de paréo, de cache-épaules, de jupe longue, d'oreiller… en fonction des circonstances.

Mille façons de partager son voyage

Rassurez-vous, ce n'est pas parce que vous décidez de partir seule que vous ne pourrez partager cette expérience qu'avec les voyageurs que vous croiserez. Bien au contraire ! Si vous en avez envie, ce sera même l'occasion de fédérer une petite communauté, avec vos parents et votre meilleure amie en tête.

WhatsApp, Facebook, mails… Internet est partout (ou presque) !

Si vous partez au Japon ou en Corée du Sud, seuls les téléphones compatibles avec la 3G ou la 4G fonctionnent, même pour passer des appels !

Il n'existe plus un pays au monde où vous ne trouverez pas un réseau wifi pour envoyer un message « Bien arrivée ! ». C'est déjà rassurant…
Misez sur les accès gratuits au wifi : hôtels, restaurants, aéroports, gares, bus, métros et même espaces publics ! Vous pouvez aussi pousser la porte d'un cybercafé, vous en trouverez même dans certains villages perdus sur les rives de l'Amazone ! Bon, dans ce cas précis, il faudra être patiente…

Si vous partez en Chine, sachez qu'Internet est fortement censuré. Pour accéder à un service de messagerie instantanée, ne comptez pas sur vos outils habituels, mais téléchargez WeChat (et demandez à vos contacts de le télécharger aussi). Et pour votre ordinateur, installez avant de partir un « VPN » qui masquera la localisation de votre adresse IP et vous permettra d'accéder à Internet.

Voyagez léger

On peut vous l'assurer : vous n'aurez pas envie de traîner un énorme équipement photo en plus de votre bagage. Mais il est possible d'alléger ses bagages et de faire de belles photos grâce à votre smartphone. Si vous voulez embarquer un appareil photo, ne prenez que l'essentiel : boitier, batterie, chargeur. Certains appareils peuvent transférer les images vers un smartphone via le wifi, même plus besoin de câble et d'ordinateur !
C'est aussi un bon moyen pour ne pas être stressée à l'idée d'abîmer, de perdre ou de se faire voler du matériel onéreux. Vous aurez l'esprit tranquille pour profiter pleinement des paysages.

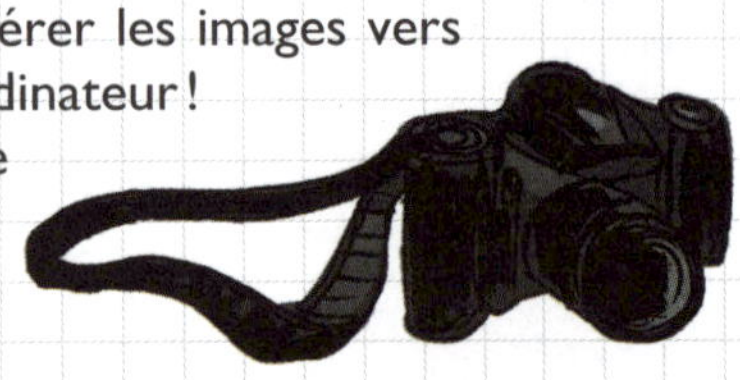

Allégez votre carte mémoire

Inutile de prendre 200 photos du même monument! Vous êtes seule, personne ne vous pressera. Mieux vaut prendre votre temps pour avoir de jolies images, et puis ça sera moins laborieux à trier sur votre carte mémoire!

Pimpez vos photos Instagram!
Anne-Solange Tardy propose sur son blog Cachemire & Soie un tutoriel simple mais plein de bonnes astuces : lumière, exposition, mise au point…
www.cachemireetsoie.fr/2017/01/17/liberez-le-genie-qui-se-trouve-au-fond-de-votre-poche-et-le-votre/
Et pour un fil Instagram harmonieux, travailler les ambiances et les couleurs, rendez-vous sur : www.natacha-birds.fr/humeurs/mes-astuces-pour-soigner-son-feed-sur-instagram/ et www.influenth.com/vsco-reglages-instagram/

Un blog, pour raconter vos aventures

Et si vous vous lanciez carrément dans l'aventure du blog? Vous aurez du temps libre pour écrire ou poster des photos, il pourra vous servir de carnet de voyage en ligne à consulter même une fois rentrée. Il peut être privé, accessible uniquement aux personnes qui ont le lien, ou public.

C'est pratique pour : détailler plus vos aventures, partager des astuces et des ressentis. Sur le blog On the road again, vous trouverez plein de bons conseils pour lancer votre blog de voyage. Vous pouvez choisir une plateforme hyper simple (Blogger, Over-blog…) où vous aurez peu de possibilités pour modifier l'apparence du blog. Pour les reconnaître, c'est simple, le nom de la plateforme apparaît dans l'adresse du blog (www.monblog.over-blog.fr). Si vous voulez juste poster quelques textes et photos pour tenir votre famille au courant, ça sera parfait.
Vous pouvez vous lancer dans une option plus personnalisée avec un outil comme Wordpress, en achetant un nom de domaine qui vous permettra d'avoir votre adresse personnalisée (www.monblog.fr). Les thèmes sont souvent plus soignés et mettent bien en valeur les photos. Pour vous aider, le blog WP pour les nuls a prévu des tutos pas à pas (www.wppourlesnuls.com/creer-blog-wordpress). Et sur www.wpfr.net/support vous trouverez plusieurs forums pour répondre à toutes vos questions.

Partager, c'est aussi préparer le retour

On ne s'y attend par forcément quand on part en solo, mais le retour n'est pas toujours facile. Évidemment, tout dépend de la durée et de l'intensité de dépaysement du voyage! Ce sera certainement plus simple de rentrer de 10 jours en Italie que de 6 mois en Amérique latine…
Partager votre voyage, quelle que soit la manière, est un moyen de donner une réalité à ce que vous avez vécu aux yeux des autres, de leur faire comprendre à quel point cette expérience et ces rencontres ont été importantes.

Chapitre 4

J'organise mon voyage

Même si vous n'êtes pas très organisée habituellement, détendez-vous, tout va bien se passer : la préparation de votre voyage va être un moment de plaisir, tout simplement parce que vous allez commencer à vous projeter dans cette aventure, ce qui fait partie de l'excitation autour du voyage !

Un peu de logistique, c'est essentiel

Il y a plein de philosophies différentes sur le degré d'organisation des voyages, des adeptes du départ « à l'arrache » aux bonnes élèves qui réservent tous les tickets d'expo. Il n'y a pas un type de voyage qui aurait plus de mérite que l'autre, ou qui serait une meilleure aventure : il faut faire comme cela vous convient. Toutefois, même les plus désorganisées devront penser à certains détails : impossible de déléguer !

Pour l'Outre-Mer, la carte d'identité suffit?
En théorie, les Français peuvent voyager vers les Départements d'Outre-Mer (DOM) avec seulement une carte d'identité valable. Toutefois, si vous avez une escale à l'étranger, il vous faudra un passeport (la Polynésie française, la Nouvelle-Calédonie et Saint-Martin sont concernés).

Le passeport

Il n'est pas nécessaire pour voyager en Europe, mais pour le reste du monde, si ! Il s'établit en mairie (ou à la préfecture de police de Paris), est valable 10 ans et doit généralement être valable 6 mois après votre retour pour obtenir un visa.

Le visa

Selon les destinations, il vous faudra un laisser-passer (souvent payant) pour entrer et sortir du pays. Les délais et lieux d'obtention varient, il faut donc se renseigner à l'avance. Si le visa est établi à l'arrivée, emportez avec vous une ou plusieurs photos d'identité.

Attention, c'est parfois la jungle pour obtenir des informations fiables sur les visas et leurs tarifs, car certains sites Internet font le relai (payant !) avec la plateforme officielle. Pour savoir comment obtenir un visa pour toutes les destinations, consultez le site du ministère des Affaires étrangères.

Dans la plupart des cas, il vous faudra les dates d'entrée et de sortie du pays (billets d'avion ou de train à l'appui), une adresse de résidence sur place (une nuit réservée dans un hôtel suffit) et une photo d'identité.

Des agences et des sites Internet comme www.action-visas.com ou www.rapidevisa.fr peuvent se charger de faire les demandes de visa à votre place, pratique et efficace si vous n'avez pas envie de vous embarrasser de ces démarches.

L'assurance voyage

Pour obtenir certains visas, elle sera indispensable. Avant d'en souscrire une, vérifiez que vous n'êtes pas déjà couverte par un de vos contrats d'assurance (carte bancaire, assurance habitation ou auto…). Elle sert par exemple à couvrir les frais médicaux et de rapatriement, à obtenir une aide juridique sur place, à avancer des fonds en cas de perte ou vol des moyens de paiement et/ou des documents d'identité…

Les vaccins

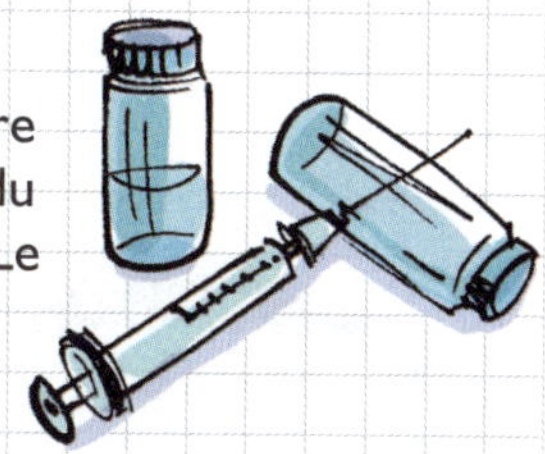

Vous devrez parfois apporter la preuve que vous êtes immunisée contre certaines maladies, comme la fièvre jaune. Pour certaines zones du globe, les vaccins contre l'hépatite A et B sont fortement conseillés. Le site du ministère des Affaires étrangères et votre médecin vous donneront des renseignements précis en fonction de votre destination.

La banque

Une fois sur place, il vous faudra de la monnaie locale. Là encore, renseignez-vous sur les pratiques : en Asie, par exemple, quasiment toutes les transactions se font en argent liquide. Vous pouvez faire changer votre monnaie dans des bureaux de change en France ou sur place (évitez ceux des aéroports dont les taux ne sont pas avantageux) ou retirer de l'argent avec votre carte bancaire en arrivant. Avant de partir, prenez soin de vérifier vos plafonds de paiement et de retraits avec votre banque, pour ne pas être bloquée sur place !

Bon à savoir
Certains pays ont des particularités. Si vous voyagez en Iran, il vous sera impossible de retirer de l'argent aux distributeurs. Il faut donc prévoir de changer tout votre argent sur place. Pour la Birmanie, les bureaux de change français ne sont pas autorisés à délivrer des kyats, il faudra retirer ou faire changer votre argent sur place.

Votre itinéraire

Pour éviter d'inquiéter vos proches, vous pouvez leur communiquer votre itinéraire et les coordonnées de votre/vos hôtel(s). En signalant votre départ et votre itinéraire sur la plateforme Ariane du ministère des Affaires étrangères, vous serez enregistrée parmi les ressortissants français à l'étranger, ce qui facilite les identifications en cas de disparition, de catastrophe naturelle ou d'attentat. Ce n'est pas obligatoire, mais c'est plus sécurisant !

Réservez vos excursions !
Sur le site Get Your Guide, vous pouvez acheter à l'avance des billets pour de très nombreux lieux, sites ou excursions partout dans le monde. Le site U2guide.com propose, lui, de réserver des visites et excursions hors des sentiers battus tout en reversant ses profits aux ONG locales. Et, sur planificateur.a-contresens.net, vous trouverez tous les outils pour planifier votre voyage comme une pro !

Voyager en solo, c'est plus cher ?

On ne va pas se mentir : la réponse est « oui » ! Une grande partie des offres pour les vols ou séjours, des tarifs de chambres d'hôtels et des formules pour les excursions sont prévues pour deux personnes. Quand vous sélectionnez l'option « un voyageur », le tarif n'est malheureusement pas divisé par deux ! De plus, en solo, les frais ne se partagent pas : hébergement, courses, transport en taxi… Vous devrez assumer l'intégralité des dépenses, et prévoir votre budget en conséquence !
Heureusement, il y a toujours des options et astuces pour faire des économies et vous n'êtes pas obligée d'être assise sur une montagne de pièces d'or pour voyager seule.

Où et quand voyager ?

Si vous n'avez pas une destination fixe en tête, vous pouvez aller là où le billet sera le moins cher. Sur certains comparateurs de vols, comme Skyscanner ou Kenweego, cochez la destination « Partout » : en fonction de vos dates et ville de départ, les sites proposent les vols disponibles par tarifs croissants.
Prévoyez aussi de voyager en période creuse, hors des vacances scolaires et ponts, si vous le pouvez. En juillet et août, certains tarifs passent du simple au double par rapport à juin et septembre. Et si les mois d'automne et d'hiver ne vous semblent pas terribles en métropole, dites-vous que le temps n'est pas gris et pluvieux partout sur le globe à cette saison-là ! Et bien sûr, renseignez-vous sur le coût de la vie sur place.

Réserver un billet d'avion

Il est impossible d'être sûre d'avoir trouvé le billet le moins cher ! Les tarifs et les variations (en fonction des compagnies, des dates de départ, du jour de réservation…) peuvent paraître assez mystérieux, mais il existe quelques astuces.

- Comparez les tarifs grâce à quelques comparateurs de vols (Liligo, Skyscanner, Kayak, Bravofly…) en jetant aussi un œil directement sur les sites des compagnies aériennes qui proposent parfois de meilleures offres.
- Réservez plusieurs semaines à l'avance (les tarifs sont souvent intéressants 2 ou 3 mois avant le départ) ou à la dernière minute. Si vous achetez votre billet la nuit, entre 1 heure et 4 heure du matin, vous devriez économiser sur les frais de dossier.
- Évitez les départs et retours le week-end, c'est plus cher !

- Soyez flexible sur les dates de départ et de retour, ainsi que sur les aéroports. Arriver dans un aéroport secondaire permet parfois de beaucoup baisser le coût du billet. Renseignez-vous tout de même sur les tarifs des transports pour rallier ensuite votre ville de destination !
- Changez d'adresse IP. Avec vos recherches, les sites de réservation savent où vous souhaitez partir et les tarifs ont tendance à augmenter. Une fois que vous savez quel itinéraire vous intéresse, vous pouvez vérifier chez une amie ou au bureau si le tarif est le même.

L'hébergement

Le logement est une part très importante du budget voyage. Pour économiser, vous pouvez vous tourner vers les petits hôtels, les auberges de jeunesse ou la location de chambre chez des particuliers (via Airbnb, par exemple). Il est aussi possible d'opter pour du 100 % gratuit :

- le couchsurfing (www.couchsurfing), des hôtes vous accueillent pour une ou plusieurs nuits ;
- l'échange de maisons (via Guest to Guest, par exemple), à condition que vos dates de séjour coïncident avec celles de vos hôtes ;
- le home-sitting, soit la surveillance de maison de particuliers (via Nomador, par exemple), si vous avez prévu de séjourner dans une seule ville ;
- l'échange de services contre un hébergement, comme des cours de langue (via Go Cambio) ou de petits travaux (via HelpX).

Les transports

À l'étranger comme en France, les transports en commun sont généralement moins chers que les transports privés (taxis, navettes…). Que ce soit pour les trajets en ville ou entre différentes destinations, le meilleur moyen d'économiser est de savoir comment voyagent les locaux : s'ils privilégient le bus de nuit par rapport au train ou à l'avion, il y a une bonne raison ! Et prendre un transport de nuit peut vous faire économiser une nuit d'hébergement.

Dans certains pays européens, en Australie ou en Nouvelle-Zélande, vous trouverez des offres de covoiturage sur www.covoiturage.fr, www.carpooling.com ou encore www.carpoolworld.com.

Le stop, je tente ?
Le stop est un bon moyen pour faire un trajet gratuitement. Mais quand on est une fille seule, ce n'est pas toujours rassurant… Fiez-vous à votre instinct ! Parfois il vaut mieux se payer un ticket de bus que de se retrouver dans une situation risquée. Renseignez-vous sur le site www.hitchwiki.org qui vous donnera des indications sur chaque pays (l'auto-stop est parfois interdit), gardez votre bagage avec vous, ne vous endormez pas et n'ayez pas peur de refuser de monter dans un véhicule.

La nourriture

Les restaurants d'hôtels et ceux situés dans les quartiers touristiques ont rarement un bon rapport qualité/prix. Pour manger bon marché, là encore fiez-vous aux locaux : faites des courses sur un petit marché peu touristique, mangez sur les stands de rue, installez-vous dans des restaurants où dînent des habitants du quartier… Et si vous avez la possibilité de cuisiner, profitez-en !

Les visites et excursions

Pour découvrir les lieux culturels à moindre frais, guettez les jours de gratuité des musées ainsi que les « Free tours », des visites guidées gratuites qui existent dans de plus en plus de villes. Il suffit de prévoir un pourboire pour son guide à la fin ! En vous connectant sur le réseau Global Greeter Network, vous pourrez aussi profiter de visites de villes ou de quartiers proposées par les habitants eux-mêmes. Un bon moyen de rencontrer du monde !

Les retraits d'argent

La plupart des banques ajoutent des frais pour chaque retrait à l'étranger, l'idéal est donc de retirer de grosses sommes. Il existe aussi des solutions pour éviter ces frais, notamment sur les longs voyages, comme la carte multidevises PayTop : une fois que vous l'avez achetée, vous n'avez pas de frais de gestion de compte ou de retrait.

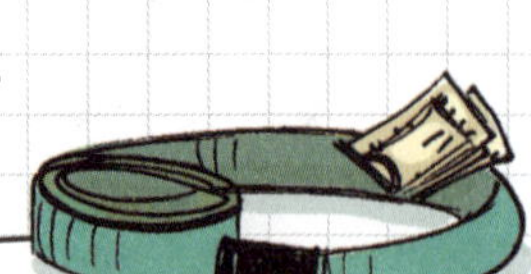

Astuce économe !
Si vous partez plusieurs mois, notez toutes vos dépenses pendant quelques jours pour évaluer votre moyenne quotidienne, et ainsi ajuster votre budget.

Hygiène et santé : je prends soin de moi !

Même au bout du monde dans un pays chaud, vous n'êtes pas à l'abri d'un petit pépin de santé ! Il est donc important d'y penser avant le départ, car il sera peut-être compliqué de trouver sur place ce qui vous manque.

Ma pharmacie de voyage

Inutile de partir avec l'intégralité de l'officine ! Consultez votre médecin pour qu'il vous prescrive ce qui lui semble nécessaire.

Prévoyez au minimum :

- du paracétamol pour les petites douleurs et la fièvre
- un antispasmodique
- un antidiarrhéique
- un médicament contre les infections urinaires (sur ordonnance)
- votre contraceptif habituel pour la durée du voyage
- du désinfectant
- des pansements
- de la crème solaire et de la crème cicatrisante

Les adeptes des huiles essentielles ne partiront pas sans les huiles de lavande vraie (*Lavandula angustifolia*), de tea tree *(Melaleuca alternifolia)*, efficaces pour les piqûres, bleus, boutons, coupures, maux de tête… et de citronnelle *(Cymbopogon winterianus Jowitt)* pour éloigner les moustiques. L'HE de basilic *(Ocimum basilicum)* peut être utile contre les crampes menstruelles et celle de menthe poivrée *(Mentha* x *piperita*) contre les maux de tête.
Pour le mal des transports, les granules homéopathiques de Cocculus 9CH et Sepia 9CH peuvent être utiles, ainsi que les HE de menthe poivrée, de basilic et de gingembre (*Zingiber officinalis* var. *Roscoe)* : une goutte avec une cuillerée de miel ou de la mie de pain apaisera l'estomac.
Vous pouvez également emporter : des antihistaminiques si vous avez des allergies, des comprimés contre le mal des transports, des antibiotiques (utiles contre la diarrhée prolongée ou les infections), des solutions de réhydratation, des gouttes pour les yeux s'ils ont tendance à s'assécher, des probiotiques si vous avez les intestins fragiles…

Attention à l'eau et à la nourriture !
Nos estomacs ne sont pas toujours prêts à affronter des bactéries ou parasites présents dans l'eau ou la nourriture en voyage… Prenez quelques précautions : buvez de l'eau minérale ouverte devant vous, filtrée par une gourde (on en trouve chez Lifestraw, par exemple), bouillie ou purifiée par une pastille spéciale, et évitez les glaçons. Côté alimentation, privilégiez les aliments cuits, bouillis ou pelés, évitez les épices, les fruits de mer et les laitages si vous n'êtes pas sûre de leur provenance. Si vous êtes malgré tout victime de la tourista, soignez-vous en suivant les conseils de votre médecin, buvez beaucoup d'eau ou de bouillon et mettez votre intestin au repos en mangeant des aliments comportant très peu de fibres : pâtes, riz, viande grillée, et éventuellement banane.

Ma trousse de toilette light

Difficile d'emporter l'intégralité de sa salle de bains en voyage… Vous pouvez miser sur les produits gratuits des hôtels, décider de partir avec seulement un savon de Marseille pour laver dents, corps, visage, cheveux et même linge sale… ou bien faire des choix parmi vos produits pour économiser de la place et du poids dans votre bagage !

Astuces pour voyager léger

- Les savons et shampooings solides sont plus compacts et durent plus longtemps que les versions liquides (et ils passent en cabine).
- Les formats « voyage » trouvés en parapharmacie, ou les petits contenants à remplir, seront vos amis, et passent eux aussi en cabine.
- Il existe des disques à démaquiller lavables qui ne nécessitent pas de démaquillant (chez Lamazuna, par exemple).
- Le rasoir prend moins de place qu'un épilateur et peut être utilisé n'importe où.
- Inutile d'emporter des tonnes de crèmes hydratantes : trouvez une crème qui vous convient pour hydrater aussi bien vos mains, vos pieds et votre corps.
- Côté maquillage, ne prenez que vos indispensables : pourquoi pas juste un mascara et un rouge à lèvres ?
- Beaucoup d'hôtels fournissent des sèche-cheveux : le vôtre peut certainement rester à la maison !

Dans votre trousse, glissez aussi…
Un coupe-ongles et/ou une lime
Une pince à épiler
Un baume à lèvres
Des préservatifs

Côté hygiène féminine, mieux vaut prévoir !

Toutes les femmes du monde ne gèrent pas leurs règles de la même manière. Si on trouve des serviettes hygiéniques à peu près partout sur le globe (à l'exception, évidemment, des zones hyper reculées comme la forêt amazonienne ou la steppe mongole), sachez qu'il sera compliqué, voire impossible de trouver des tampons dans certains pays. C'est notamment le cas en Inde et dans de nombreux pays d'Asie, d'Afrique ou du Moyen-Orient. Si vous êtes habituée à ces protections, il vaut donc mieux en glisser un stock dans votre bagage ! Pour viser au plus juste, pensez avant de partir à compter durant un ou deux cycles combien de tampons vous utilisez. Pour être tranquilles, de nombreuses voyageuses utilisent une cup menstruelle lavable qui peut remplacer toutes les autres protections jetables : pratique et économique ! (www.coupemenstruelle.net)

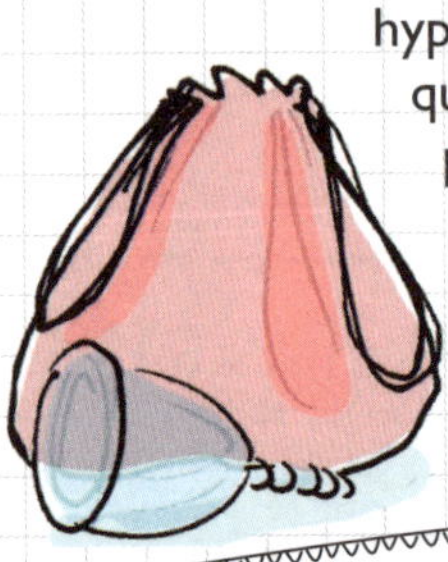

Les conseils des voyageuses
Même si vos cycles sont hyper réguliers, ils peuvent être un peu perturbés par le voyage. Partez toujours en excursion avec une protection sur vous ! En ville, n'hésitez pas à demander aux hôtels ou restaurants l'accès à leurs commodités, et certaines applications comme Le Trèfle, WC ASAPP ou Flush vous indiquent les toilettes publiques les plus proches.

À l'instar des tampons, les toilettes « à l'occidentale » (avec une cuvette, une porte et un verrou) ne sont pas non plus répandues partout dans le monde. Il vous faudra parfois faire preuve d'inventivité pour réussir à faire vos besoins et/ou changer votre protection tout en surveillant que vos affaires ne baignent pas dans une flaque louche et que personne n'ouvre soudainement la porte. En Chine, il existe même encore des toilettes… sans porte ! Bref, soyez prête à faire preuve d'ouverture d'esprit et d'humour.

Les règles ne sont pas toujours bien vues

En tant que touriste, vous ne serez pas vraiment concernée puisqu'il y a peu de chance que vous soyez amenée à parler de vos règles, mais sachez que certaines croyances ont la vie dure. En Bolivie, les femmes n'ont pas le droit de jeter leurs protections intimes à la poubelle, car on pense que cela causerait des maladies. Dans certaines régions d'Inde, les femmes ne sont pas autorisées à toucher des aliments durant leurs règles, sous peine de les contaminer, et il leur est conseillé de ne pas en parler. En Afghanistan, les femmes n'ont pas le droit de se laver pendant leurs règles, car cela les rendrait stériles. Enfin, certaines religions interdisent l'accès des lieux saints aux femmes ayant leurs menstruations. Bref, restez discrète lorsque vous avez vos règles et personne ne vous ennuiera !

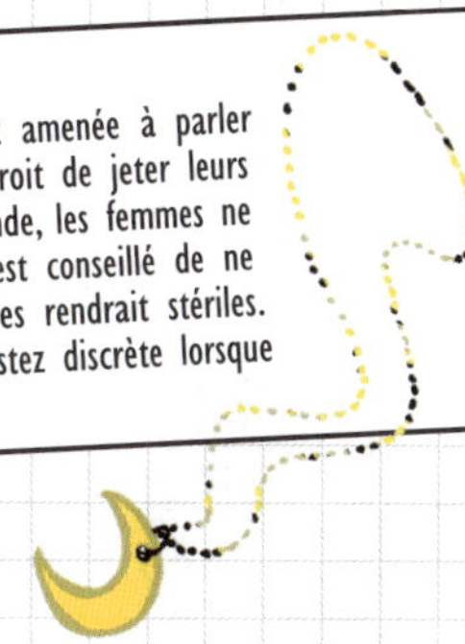

Dans mes bagages, je mets quoi ?

Pour certaines, c'est un vrai plaisir, pour d'autres c'est l'enfer… Faire sa valise n'est jamais anodin : c'est le top départ du voyage. Et si vous ne voulez pas partir avec beaucoup trop de vêtements ou vous retrouver sans un indispensable, mieux vaut y réfléchir un peu à l'avance !

Sac à dos ou valise ? Ça dépend du voyage !

« Quel bagage je prends ? Cette valise ne va pas être trop petite ? Et celle-là, elle passe en cabine ? » Pour ce voyage, vous serez seule à transporter vos affaires, impossible de glisser en douce votre énorme roman dans le sac de votre petit ami !

Le poids autorisé des bagages en soute est généralement de 23 kg ; au-delà vous devrez payer un supplément à l'enregistrement. Pour le bagage cabine, la taille standard est généralement de 55 × 35 × 25 cm pour 12 kg.

Une valise sera parfaite si…

Vous ne voyagez pas de façon itinérante.

Vous voyagez dans un lieu accessible, sans marche, sans gravillons, sans boue…

Vous avez envie/besoin de garder des vêtements bien pliés.

Les avantages : les valises peuvent facilement se fermer avec un cadenas (quand il n'est pas déjà inclus !) et elles ne vous cassent pas le dos.

Choisir sa valise : plus votre valise sera grande, plus vous aurez tendance à la remplir. Au-delà de 70 cm de hauteur, elle sera rapidement très lourde ! Choisissez un modèle rigide et solide, si possible avec quatre roues car c'est bien plus facile à manier.

Un sac à dos sera parfait si…

Vous avez prévu de barouder de ville en ville.

Vous allez visiter des lieux un peu escarpés.

Vous aimez les poches secrètes.

Les avantages : le sac est plus léger qu'une valise et vous prendrez l'essentiel pour éviter qu'il ne pèse trop lourd.

Choisir son sac : les sacs à dos de plus de 60 litres seront souvent trop grands (et donc trop lourds) pour les filles. Privilégiez un modèle qui s'ouvre par le haut et par le dessus, ce qui facilitera l'accès à toutes vos affaires. Et demandez conseil à un professionnel pour bien le régler sur votre dos.

Prévoyez un autre sac!
Quel que soit votre choix, prévoyez toujours un deuxième sac (en bandoulière, à dos ou à main) où vous garderez tous vos objets de valeur durant les trajets, et qui vous servira pour les visites ou excursions.

S'habiller selon les circonstances

En fonction de là où vous irez, certaines règles vestimentaires et de conduite devront peut-être être respectées. Renseignez-vous dans votre guide de voyage ou en consultant le livre *Kiss, Bow or Shake Hands* (en anglais) qui donne tous les détails en la matière.

Il est généralement préférable de ne pas porter de tenues provocantes ou trop flashy pour éviter d'attirer l'attention. Revêtir la tenue traditionnelle n'est pas une option qui marche à tous les coups : le fait de vous « déguiser » peut être pris pour un manque de respect de la culture locale, notamment en Amérique du Sud ou en Asie du Sud-Est.

Vérifiez quelles sont les recommandations sur le port du pantalon ou du short (il ne sont pas acceptés partout dans le monde pour les femmes!) et prévoyez toujours un pantalon ample ou une jupe longue. De même, prévoyez des hauts qui cachent vos épaules et votre décolleté. Dans de nombreux pays, des tenues trop découvertes sont considérées comme offensantes, et vous ne pourrez accéder à certains lieux religieux.

Pour les chaussures, vous serez parfois amenée à les enlever très souvent pour entrer dans les lieux sacrés (temples, mosquées, pagodes…) ou dans des lieux privés. Misez sur le côté pratique en évitant trop de lacets ou de boucles!

Choisir ses vêtements de voyage

Le contenu de votre valise ne sera évidemment pas le même si vous partez prendre le soleil en Thaïlande ou allez faire une randonnée en Islande! Impossible de vous détailler le contenu d'un bagage idéal, mais vous pouvez suivre les grands principes d'Isabelle Thomas, du blog Mode Personnel(le).

Prenez des vêtements :
- qui vous plaisent
- qui se roulent sans se froisser
- qui vont bien ensemble

Ainsi, vous porterez tout et vous gagnerez de la place !

Privilégiez des vêtements dans lesquels vous êtes à l'aise : ce jean adorable qui vous serre la taille ne sera pas un allié pour passer plusieurs heures dans un avion. Soyez astucieuse avec des pièces qui font double emploi : une petite robe qui peut être à la fois décontractée et habillée, un sweat doudou qui tient chaud et peut servir d'oreiller… Selon la durée du voyage, vous serez peut-être amenée à laver votre linge, donc évitez les vêtements trop délicats ou qui mettent trop longtemps à sécher. Et même si vous partez pour un pays chaud, certains lieux ou véhicules seront peut-être (trop) climatisés, et songez que les soirées peuvent être fraîches : un pantalon et un pull/sweat, voire une doudoune ultra-compacte, ne seront pas de trop !

Enfin, n'oubliez pas LA pièce indispensable, quel que soit le voyage : un grand foulard ou paréo, qui vous servira d'écharpe, d'oreiller, de masque pour les yeux ou le nez, de couvre-chef, de cache-épaules dans les temples, de jupe longue… Bref, à tout !

Côté chaussures, tout dépend aussi de la destination, de la météo, des activités… Prenez des chaussures confortables et que vous avez déjà portées, pour éviter les ampoules et mauvaises surprises. Glissez aussi une paire de tongs ou de claquettes en plastique dans votre sac pour porter dans les auberges de jeunesse ou hôtels, voire dans des douches pas très propres.

Pour l'avion, misez tout sur le confort, car le corps a tendance à gonfler : pantalon qui ne serre pas, t-shirt ample dans une matière qui ne vous fait pas transpirer, gilet ou sweat qui tient chaud, chaussettes… Et méfiez-vous des soutiens-gorge à l'armature qui serre, des t-shirts trop courts dans le dos ou des chaussures trop étroites impossibles à remettre à l'arrivée ! Pour éviter les jambes lourdes et les problèmes de circulation sanguine, vous pouvez prévoir des bas ou chaussettes de contention. On en trouve facilement en pharmacie.

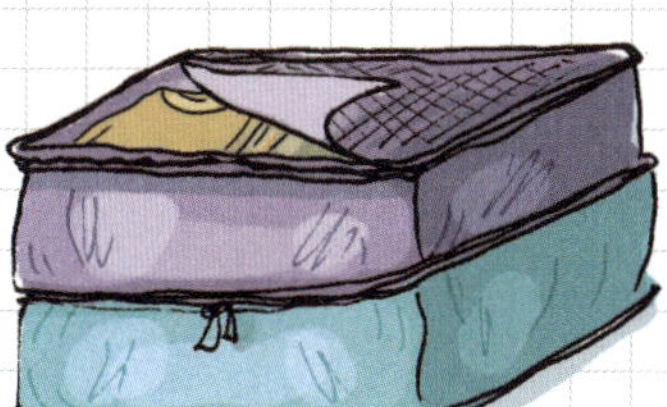

Bien faire sa valise, tout un art !

Votre minimalisme sera peut-être mis à l'épreuve au moment de faire vos bagages. C'est leur volume qui déterminera la quantité de vêtements et chaussures à emporter. Et certainement leur poids qui vous confirmera que vous avez prévu « un peu trop large » !

Organiser votre bagage

Commencez toujours par les pièces les plus volumineuses (pulls, vestes, chaussures…) avant de mettre les plus petites. Évitez de placer votre trousse de toilette au fond, où tout le poids fera pression sur les flacons, et gardez-la accessible.

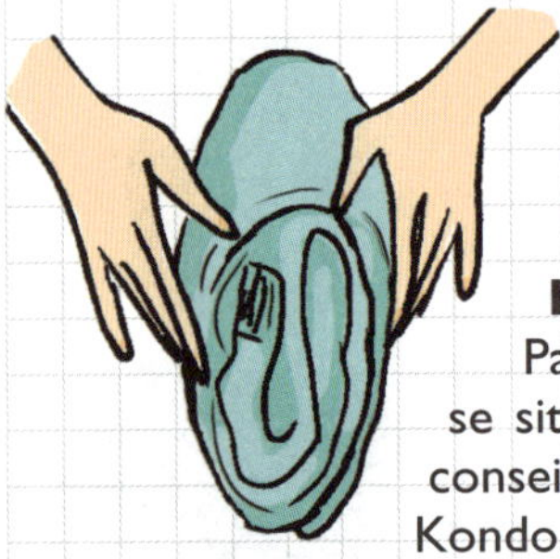

Vous pouvez opter pour des sacs en tissu individuels zippés, qui vous permettront de vous y retrouver : un pour les sous-vêtements, un pour les robes, un pour les t-shirts… Certains sont même légèrement compresseurs pour gagner encore plus de place.

Plier vos vêtements

Parmi les techniques pour gagner de la place, le « ranger packing » se situe à mi-chemin entre les pratiques des soldats américains et les conseils de la spécialiste du rangement, la Japonaise Marie Kondo. Il s'agit de rouler méthodiquement les vêtements de façon à pouvoir les installer dans tous les recoins de votre bagage (www.youtube.com/watch?v=29R99CSp0Y8). Vous pouvez aussi les plier de façon plus classique, à plat. Tant que ça vous semble pratique et que ça correspond à votre usage, c'est la bonne solution !

Répartir la charge

Si vous partez avec un sac à dos, pensez à charger le milieu avec les choses les plus lourdes. Si le poids est en bas, vous aurez mal au dos, tandis que s'il est concentré en haut, il vous emportera vers l'arrière.

Faire un bagage cabine

Gardez tout ce qui est précieux, fragile ou qui vous est indispensable avec vous dans votre bagage cabine ou votre sac à main : papiers d'identité et documents de voyage, argent, smartphone, appareil photo, tablette/liseuse, médicaments…

Témoignage de Marie, 30 ans

« Je place tous les indispensables dans le bagage cabine, mais aussi quelques extras : une trousse de toilette minimaliste pour me rafraîchir pendant le vol, des chaussettes car j'ai toujours froid aux pieds, une culotte de rechange et un maillot de bain si je vais dans un pays chaud. Comme ça, si mon bagage principal disparaît, je peux me laver les dents, changer de sous-vêtements et même filer à la plage pour en profiter dès l'arrivée ! »

Le carnet de voyage, mon meilleur allié

Si vous êtes déjà adepte des carnets de voyage, vous allez adorer en tenir un pendant votre voyage en solo ! Et si vous n'êtes pas complètement convaincue, vous allez peut-être y prendre goût… Un peu à la manière d'un carnet de méditation, il peut recueillir vos impressions, vos réflexions, vos doutes, vos rencontres, vos coups de blues comme vos coups de cœur… Pratique pour constater le chemin parcouru et votre évolution quand vous doutez du bien-fondé de cette aventure !

Je choisis mon carnet idéal
Le carnet doit être pratique, peu encombrant et résister aux aléas du voyage. Un cahier A4 ne sera peut-être pas le plus simple ! Évitez les crayons à papier dont la mine peut se briser dans votre sac.

Des carnets tout prêts à remplir : pour visiter les grandes villes, les Cartoville (Gallimard) sont parfaits pour avoir toutes les infos et griffonner dessus, tandis que les City guide Moleskine laissent plus de place aux notes personnelles. Le carnet *Bon voyage : A Travel Journal* de Susie Ghahremani (Chronicle Books, en anglais) est mignon et pratique pour tout type de voyage ; *I Was Here : A Travel Journal for the Curious Minded* de Kate Pocrass (Chronicle Books, en anglais), aux illustrations très tendance, est très bien organisé.

Un Bullet journal de voyage, c'est possible ?

Pour les amatrices de listes, d'organisation et de jolis carnets, le Bullet journal ou « bujo », qui mixe agenda et carnet, sera parfait. En plus, c'est hyper tendance ! L'idée, c'est d'avoir une vision globale des choses à faire/faites, d'être hyper bien organisée et d'avoir plein d'espace pour laisser libre court à sa créativité. Pour vous lancer, il vous faut : un carnet, des stylos et un peu de temps.

Selon les grands principes du bujo, vous devrez d'abord créer un index en ouverture de carnet pour vous y retrouver parmi les zones agenda et les autres zones, à compléter au fur et à mesure. Ensuite, vous découperez votre carnet en mois et semaines

en y intégrant diverses « to-do lists » à cocher, les fameuses « bullet ». Pour vous lancer, le tuto du blog journaling.fr est super bien fait.
Pour votre voyage, le bujo peut regrouper la phase de préparation et le carnet que vous emporterez avec vous. Il peut s'avérer hyper pratique pour être sûre de déposer votre demande de visa à temps, ne rien oublier dans votre valise ou lister les restaurants où vous voulez manger !

Ma valise de solo traveleuse

Hygiène et santé

❑ Brosse à dents et dentifrice
❑ Brosse à cheveux ou peigne
❑ Disques à démaquiller
❑ Nettoyant visage
❑ Crème de jour et de nuit
❑ Crème hydratante corps
❑ Savon ou gel douche
❑ Serviette microfibres
❑ Gel ou lingettes intimes
❑ Shampooing et après-shampooing
❑ Déodorant

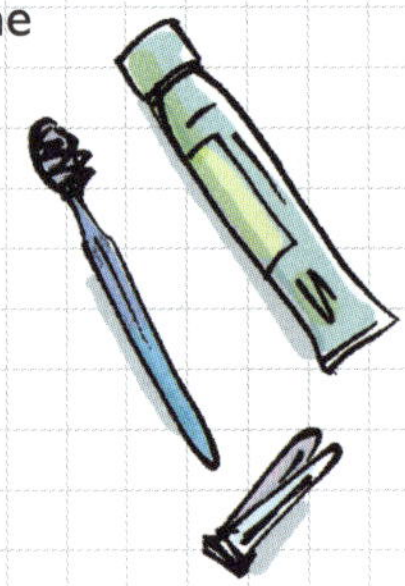

❑ Mouchoirs
❑ Coupe-ongles et/ou lime
❑ Pince à épiler
❑ Coton-Tige ou oriculi
❑ Baume à lèvres
❑ Protections hygiéniques
❑ Rasoir ou épilateur
❑ Élastiques ou barrettes
❑ Maquillage
• ....
• ....

Médicaments

❑ Paracétamol
❑ Antispasmodique
❑ Antidiarrhéique
❑ Médicament contre les cystites
❑ Crème cicatrisante
❑ Désinfectant

❑ Pansements
❑ Ciseaux
❑ Crème solaire
❑ Anti-moustiques
• ....
• ....

Pratique

❑ Adaptateur secteur
❑ Multiprise
❑ Boules Quies®
❑ Masque sommeil
❑ Lunettes de soleil
❑ Totebag
❑ Sac à linge sale

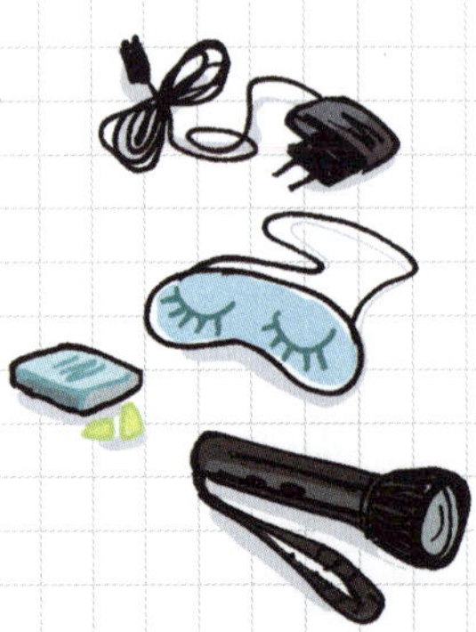

❑ Papier toilette
❑ Cadenas (2 ou 3)
❑ Lampe de poche
❑ Guide de voyage
❑ Guide de conversation
• ....
• ....

À garder sur vous

- ❑ Passeport ou carte d'identité + leur photocopie
- ❑ Visa + sa photocopie
- ❑ Documents de voyage
- ❑ Argent et moyens de paiement
- ❑ Ceinture à billets
- ❑ Permis de conduire international + sa photocopie
- ❑ Photo d'identité
- ❑ Appareil photo et chargeur
- ❑ Smartphone et chargeur
- ❑ Liseuse et chargeur
- ❑ Carnet de voyage + stylo(s)
- ❑ Casque audio
- • ....
- • ....

Vêtements

- ❑ Foulard ou paréo
- ❑ Pyjama
- ❑ Tongs ou claquettes
- ❑ Culottes : ....
- ❑ Soutiens-gorge : ....
- ❑ Paires de chaussettes : ....
- ❑ Maillots de bain : ....
- ❑ Pantalons et shorts : ....
- ❑ T-shirts et tops : ....
- ❑ Robes : ....
- ❑ Pulls et sweats : ....
- ❑ Vestes : ....
- ❑ Chaussures : ....

Chapitre 5

5 lieux incroyables à découvrir

Où partir sans crainte ? Ce cahier vous a donné quelques pistes de destinations parfaites pour un premier voyage en solo… Mais comment être certaine que les activités ou les paysages seront vraiment au rendez-vous ? Quand on observe un planisphère, le monde est vraiment très vaste ! Alors, pour choisir, pourquoi ne pas donner une tonalité particulière à votre voyage ? Vous avez envie de plonger, de marcher, de faire un saut à l'élastique, d'apprendre le yoga, ou tout simplement de vous prélasser à la plage. C'est un très bon début pour construire votre voyage !

Pour vous donner un coup de pouce, vous trouverez dans ce chapitre 5 idées de voyages thématiques dans des lieux tous plus beaux les uns que les autres. Les lacs canadiens translucides, la magie des glaciers argentins, les fabuleux circuits de randonnées et de trail de La Réunion… Ça vous tente ? Soyez certaine que les paysages vont vous couper le souffle et, promis, vous n'allez pas vous ennuyer !

En plus, vous pourrez vous reporter aux conseils de voyageuses et blogueuses qui sont déjà parties sur place : bonnes adresses, lieux à éviter ou à ne pas manquer, activités insolites… Tout ce qu'il faut savoir pour vous décider !

Bien sûr, il est aussi question de détails pratiques : qu'est-ce que je mets dans ma valise ? Est-ce que je vais pouvoir changer mon argent ? Est-ce que je vais trouver des tampons sur place ? Quels quartiers sont à éviter le soir ? Et le visa, il est cher ? Autant de questions pour lesquelles vous trouverez des éléments de réponse avant de vous lancer en solo. Alors, vous êtes partante ?

Mon voyage hygge en Norvège

C'est où ?

Au nord de l'Europe, à 2 heures 30 de vol de Paris pour atterrir dans la capitale, Oslo. Mais le pays s'étend au-delà du Cercle polaire et vous pouvez directement atterrir à Bodø. Il n'y a pas de décalage horaire avec la France.

Je pars combien de temps ?

Un long week-end ou 1 semaine pour visiter Oslo et ses fjords, et jusqu'à 3 ou 4 semaines pour vous aventurer jusqu'au nord.

Je vais voir quoi ?

La Norvège est un pays de contemplation. L'endroit parfait pour adopter la philosophie de vie « hygge », qu'on peut définir par « le bien-être et le cocooning à la scandinave ». Le rythme y est doux et les paysages appellent à la rêverie, quand le climat incite le corps à s'envelopper dans des couvertures bien douillettes. Idéal pour prendre son temps, lire de bons bouquins et rêver !

Les merveilles à ne pas rater

Les fjords les plus accessibles sont à quelques minutes d'Oslo en bateau. Profitez des petites plages formées sur ces bras de mer pour lire quelques pages d'un bon bouquin. Ailleurs dans le pays, notamment autour de Bergen, les fjords sont des incontournables pour faire le plein de grand air, avant d'aller déguster un bon café ! La deuxième ville du pays est à la fois charmante et très vivante avec ses maisons colorées et son port.

L'archipel des îles Lofoten, au large de Bodø, est particulièrement splendide avec ses paysages de montagne et ses petites maisons de pêcheurs rouges, en bois. Une vraie carte postale !

La côte entre Bergen et Kirkenes a la réputation d'être l'une des plus belles au monde. Pour en profiter tranquillement, un ferry fait le trajet quotidiennement. À bord du *MS Lofoten*, dans une ambiance intime et calme, vous pourrez voyager plusieurs jours entre Bergen et Tromsø en découvrant de nombreux petits ports : l'occasion de tester tous les cafés de la côte !

Les spots cocooning

Pour profiter à fond de l'atmosphère douce et tranquille de la Norvège, rien de tel que le café, une vraie tradition : à Oslo, le Stockfleths vous accueillera avec ses pâtisseries et son ambiance minimaliste. À Bergen, le Blom est un des plus courus de la ville pour son délicieux café.

Pour un moment de détente, laissez-vous tenter par le sauna : vous en trouverez dans certains hôtels ou spa, dans des lieux publics, mais aussi dans de nombreuses maisons à la campagne. Après la plongée dans l'eau froide, vous aurez d'autant plus de raisons de vous réfugier au coin du feu !

Les boutiques de déco ou petites brocantes sont aussi des lieux très cosy où vous aurez envie de traîner des heures.

Le coin du feu est le spot idéal ! Prévoyez un logement où vous serez à l'aise, de quoi faire des boissons chaudes à volonté, des bougies pour une ambiance chaleureuse et une bonne série à regarder : le must pour les journées de grisaille.

Les spots tendance

Oslo est l'une des capitales les plus branchées d'Europe. Les fans de mode et de design seront heureuses d'y trouver de nombreuses boutiques de créateurs. Des cafés et clubs hyper en vogue, comme Fuglen ou Villa, seront des spots parfaits pour boire un cocktail.

Bergen est aussi faite pour les amatrices de musique : vous pourrez profiter du Night Jazz festival, fin mai, ou du Bergenfest en juin.

La meilleure période pour partir

L'hiver est long et assez froid en Norvège. Pour profiter au maximum de la douceur du pays mais aussi de ses paysages splendides, les périodes de mai à mi-juin ou de septembre-octobre seront les meilleures : le climat sera tempéré et le pays n'est pas pris d'assaut par les touristes comme en plein été. En fonction du lieu et de la saison, vous pourrez profiter du soleil de minuit (des journées où le soleil ne se couche pas) ou des aurores boréales.

Voyager en solo en Norvège

La Norvège est un des pays les plus sûrs au monde. Y voyager en solo ne présente donc aucun danger particulier, même concernant les vols. Les Norvégiens peuvent sembler distants au premier abord, mais seront prompts à vous aider. Ce n'est cependant pas une raison pour relâcher toute votre attention, notamment si vous sortez le soir dans des bars ou des clubs.

Je dors où ?

Vous trouverez un certain nombre de campings ou d'auberges de jeunesse qui proposent des hébergements en dortoirs, mais ce n'est peut-être pas la meilleure solution pour un voyage hygge ! Renseignez-vous via Airbnb ou les offices de tourisme pour louer un petit appartement,

une cabane au bord d'un fjord, une chambre chez l'habitant… Ainsi, vous aurez tout le confort souhaité pour profiter de votre séjour.
Les cabanes de Fordypningsrommet Fleinvær, retirées du monde au large de Bodø, offrent parmi les plus belles vues du monde sur la mer de Norvège, le tout dans un calme parfait.

Dans ma valise

Que vous partiez au printemps ou à l'automne, vous échapperez difficilement à des journées froides et humides. Les tops légers et petites jupes vont rester dans votre placard ! Prévoyez des vêtements chauds à empiler les uns sur les autres : en fonction de la température, il ne restera plus qu'à faire varier le nombre de couches ! Vous pouvez même opter pour des vêtements techniques comme les Thermolactyl® de Damart ou les Heattech® d'Uniqlo. Le corps perd beaucoup de chaleur par le sommet du crâne, partez donc avec un bonnet ou une chapka.

J'emporte…

- des pantalons et t-shirts (manches courtes et longues) confortables, à superposer
- des collants épais à glisser sous mon pantalon
- un ou plusieurs pulls bien chauds
- une veste, un manteau ou une parka bien chaude, si possible jusqu'aux genoux
- une veste légère, pour les journées plus chaudes
- une écharpe ou un châle
- un bonnet ou une chapka
- des gants ou des moufles
- des chaussures chaudes et confortables
- une tenue plus élégante pour sortir
- de bonnes chaussettes bien chaudes pour la détente au coin du feu
- mon pyjama préféré
- un maillot de bain pour le sauna

Formalités et visa

Vous avez besoin uniquement d'une carte d'identité valide pour visiter la Norvège, pratique !

Money

Difficile de voyager en Norvège avec un budget serré. Le coût de la vie y est élevé et certains produits, comme les fruits et légumes ou la bière, peuvent être 3 à 4 fois plus chers qu'en France. La monnaie est le krone (NOK) et vous pourrez facilement retirer du liquide ou payer avec votre carte bancaire.

Combien ça coûte ?
- 1 euro vaut environ 9,3 krones
- Une nuit en dortoir pour une personne : à partir de 25 euros
- Une nuit à l'hôtel ou chez l'habitant : entre 50 et 70 euros
- Un repas : autour de 20 euros
- Une excursion à la journée : à partir de 60 euros
- Un trajet en bateau : à partir de 50 euros

Santé

Le froid et l'humidité seront vos plus grandes préoccupations côté santé. Prévoyez de quoi vaincre un bon rhume ! De la crème solaire peut aussi être nécessaire, puisque l'exposition prolongée au soleil reste dangereuse pour la peau même si la température laisse penser le contraire…

Vous n'aurez aucune difficulté à trouver des produits d'hygiène intime, surtout en ville.

Les transports

Entre le train, le bus, le bateau et l'avion, il est super facile de voyager en Norvège. Les correspondances entre les moyens de transport sont même souvent étudiées pour vous faciliter la tâche ! Pour parcourir les grandes distances entre le sud et le nord, l'avion sera le plus simple et certainement le plus économique. Mais pour profiter des paysages, les bus très confortables ou l'express côtier *Hurtigruten* seront plus indiqués.

Réservez !
Le réseau a beau être dense, certains trajets en bus ou en ferry sont complets plusieurs semaines à l'avance. Pour les trains, les premiers à réserver leurs billets pourront bénéficier de billets à 249 NOK (environ 27 euros), quel que soit leur trajet. Et sachez que si vous avez un pass européen Interrail, il est valable en Norvège. Mais là aussi, mieux vaut prévoir.

Mon programme jusqu'au départ

- **J – 3 à 2 mois :** Je réserve mes billets pour Oslo ou Bodø.
- **J – 2 mois :** Je prépare mon itinéraire et réserve mes hébergements et transports.
- **J – 15 :** Je prépare une check list de ce que je vais emporter et je prévois les achats si besoin.
- **J – 2 :** Je commence à préparer ma valise et m'occupe des achats de dernière minute.
- **Jour J :** C'est parti !

Envie d'autres destinations cocooning?
Envolez-vous vers d'autres pays scandinaves, comme la Suède, la Finlande ou le Danemark (d'où vient d'ailleurs le terme « hygge »).

Elles ont voyagé en Norvège

Sur le blog Voyages etc., Adeline raconte son escapade au nord de la Norvège dans des paysages sublimes : www.voyagesetc.fr/carnets-de-voyages/europe/norvege

Julie, du blog Carnets de Traverse, raconte la croisière hors du temps le long de la côte norvégienne : www.carnets-de-traverse.com/blog/croisiere-fjords-de-norvege

Mon pense-bête

- ....
- ....
- ....
- ....
- ....
- ....
- ....
- ....
- ....
- ....
- ....
- ....

Mon voyage grands espaces, trek et rando dans les Rocheuses canadiennes

C'est où ?

Le Canada est un pays vraiment immense, votre voyage sera donc très différent si vous allez à Montréal, Québec et sur le Saint-Laurent ou si vous partez à l'ouest, dans les Rocheuses. C'est justement ce parcours « grands espaces » que nous vous proposons. Comptez environ 12 heures de vol pour Vancouver ou Calgary.

Je pars combien de temps ?

Lancez-vous dans l'aventure ! Partez au moins 15 jours, 1 mois étant l'idéal. Vous aurez 6 heures de décalage horaire avec la France.

Je vais voir quoi ?

Les parcs naturels de Banff et Jasper sont mythiques pour leurs montagnes enneigées ainsi que leurs glaciers surplombant des forêts et des lacs aux eaux limpides. Littéralement splendide.

Les paysages à ne pas rater

Les lacs valent tous le coup d'œil, et vous aurez peut-être du mal à déterminer lequel vous aurez préféré. Dans le parc naturel de Banff, arrêtez-vous au lac Minnewanka, au lac Vermillon ou encore au lac Louise. Dans le parc de Jasper, le lac Beauvert est particulièrement sublime. Tous ont leurs particularités, mais vous serez entourée de montagnes et de forêts pour admirer leurs eaux limpides : le rêve quand on aime la nature ! Autour de chaque lac, vous pourrez trouver des activités : randonnée et trek sur une ou plusieurs journées, paddle, canyonning, randonnée à cheval, visites en hélicoptère… Largement de quoi vous faire plaisir selon vos goûts !

Certains lieux, comme le lac Moraine ou le glacier Skywalk sont souvent bondés de touristes : à vous de voir si vous voulez les affronter.

Si vous allez jusque sur l'île de Vancouver, sur le Pacifique, arrêtez-vous à Tofino et ne manquez pas les excursions pour voir des baleines (de mars à octobre) et en direction de la chute d'eau chaude Hot Spring Cove. Un petit paradis sur Terre ! Là aussi, vous trouverez de très nombreux chemins de randonnée, du sentier côtier à des boucles de plusieurs heures dans le parc de Strathcona.

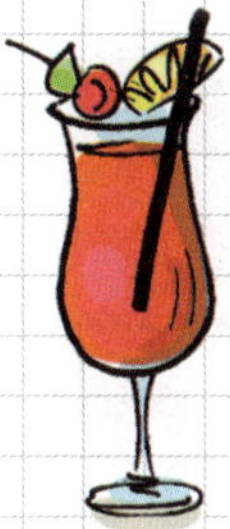

Visitez aussi Victoria, d'où vous pourrez partir voir des orques. La ville est super mignonne, fleurie et accueillante. Si vous aimez les ports de plaisance, les jolies ruelles et les petites maisons, vous serez comblée !

Les spots tendance

C'est à Vancouver ou Victoria que vous trouverez le plus de cafés, bars et restaurants trendy : rendez-vous chez Tacofino, Bella Gelateria ou au Café Thierry. Et pour des cocktails à tomber, misez sur le Shangri-La. À Victoria, le Willie's Cafe & Bakery satisfera les envies de brunch à l'américaine.

Les petits plus insolites

Vous allez croiser de nombreux animaux sauvages dans les parcs, et peut-être même des ours. C'est aussi magnifique qu'impressionnant, mais restez sur vos gardes et écoutez les conseils des Canadiens !
Pour rejoindre Vancouver depuis Jasper, n'hésitez pas à prendre le train. Une vingtaine d'heures de voyage dans une cabine avec une vue panoramique sur le paysage grandiose.

La meilleure période pour partir

L'hiver est long et froid au Canada, donc si vous préférez le beau temps, bookez votre voyage entre mai et octobre. À la haute saison, de juin à août, vous croiserez de nombreux touristes et les prix seront jusqu'à 30 % plus élevés : mai et septembre-octobre sont de bonnes alternatives !

Voyager en solo au Canada

Le Canada est un des pays les plus sûrs au monde, vous pouvez y voyager en toute tranquillité. Les Canadiens sont très ouverts et accueillants, et très respectueux des femmes. Mais ce n'est pas une raison pour ne pas garder un œil sur vos affaires et sur votre verre en soirée. Seule, vous pouvez être perçue comme plus vulnérable qu'en groupe ou en couple.

Je dors où ?

Au Canada, l'hébergement représentera une grosse partie de votre budget. Pour économiser, vous pouvez facilement faire du couchsurfing dans les grandes villes comme Vancouver, l'occasion de rencontrer du monde !

Vous trouverez facilement des auberges de jeunesse, des bed and breakfast ou de typiques motels (vous savez, ces hôtels de bord de route qu'on voit dans les films américains !). Lorsqu'ils proposent des dortoirs, ces hébergements en réservent aux femmes.

À Banff, les hébergements sont vraiment très nombreux. Vous pouvez vous arrêter à l'auberge de jeunesse Samesun Banff ou, si votre budget vous le permet, dans de charmants lodges comme le Blue Mountain.

Si vous partez en été, il sera possible de faire du camping facilement, mais pas de camping sauvage. Quel que soit votre choix d'hébergement, réservez à l'avance si vous partez en haute saison !

Dans ma valise

En dehors de la haute saison, le temps est clément mais les températures fraîches, ce qui est plutôt agréable pour randonner ou pratiquer des activités sportives ! Prévoyez donc des vêtements à superposer pour les adapter à la température. Les soirées seront fraîches, n'oubliez pas un gros pull…

J'emporte…

- des pantalons confortables
- un ou deux shorts/jupes
- une paire de collants (qui pourra aussi être glissée sous le pantalon !)
- des t-shirts, petits pulls ou chemises à manches longues à superposer
- un gros pull ou sweat doudou
- des chaussures fermées pour les balades
- une veste chaude et imperméable
- un foulard
- des tongs ou claquettes pour les hébergements, la piscine…
- mon maillot de bain

Pour les randos…

- un pantalon de randonnée
- une polaire légère
- des chaussures de marche (imperméables)
- des chaussettes adaptées à la marche
- un K-Way®
- un bonnet
- un petit sac à dos

Dans ma trousse de toilette
Prévoyez de quoi faire face aux ampoules et petits bobos, surtout si vous marchez plusieurs jours d'affilée ! Des pansements et des huiles essentielles (tea tree, lavande vraie, voir p. 59) vous seront utiles.

Formalités et visa

Il suffit d'avoir un passeport valide pour entrer au Canada. Une autorisation de séjour (parfois jusqu'à 6 mois !) est délivrée sur place.

Money

La monnaie locale est le dollar canadien, qui a à peu près la même valeur que le dollar américain. Vous trouverez très facilement des distributeurs et des bureaux de change, sauf dans les villages les plus reculés.

Combien ça coûte ?
- 1 euro vaut environ 1,5 dollar canadien
- Une nuit en dortoir pour une personne : environ 20 euros
- Une nuit d'hôtel pour une personne : à partir de 50 euros
- Un repas au restaurant : environ 15 euros
- Une excursion à la journée : environ 50 euros
- L'entrée dans les parcs naturels : 50 euros
- Une voiture pour la journée : à partir de 25 euros
- Un billet de train Jasper-Vancouver : environ 100 euros

Les transports

Au Canada, parcourir les grandes distances est vraiment simple. Les compagnies de bus et de train sont fiables et confortables, et vous permettront de sillonner le pays. Dans les deux cas, il est conseillé de réserver son trajet au moins quelques jours à l'avance, pour être sûre d'avoir une place et économiser quelques dollars.
Comme aux États-Unis, la voiture est reine au Canada. Si vous attaquer aux grandes distances en voiture n'est pas la solution la plus économique et reposante, il sera intéressant d'en louer une pour un ou deux jours afin d'être libre de vos mouvements.

Mon programme jusqu'au départ

- **J – 3 à 2 mois :** Je réserve mes billets pour Vancouver ou Calgary.
- **J – 2 mois :** Je me procure un guide de voyage, je prépare mon itinéraire, je réserve mes nuits d'hôtel et mes moyens de transport.
- **J – 15 :** Je peaufine mon itinéraire, par exemple en réservant certaines excursions.
- **J – 15 :** Je prépare une check list de ce que je vais emporter et je prévois les achats si besoin.

- **J – 2 :** Je commence à préparer ma valise et m'occupe des achats de dernière minute.
- **Jour J :** C'est parti !

Elles ont voyagé au Canada

Élodie, du blog Eleonore Bridge, a rapporté du Canada de sublimes images et plein d'adresses au top ! https://www.leblogdelamechante.fr/blog-mode/voyage-dans-les-rocheuses-canadiennes
Sur le blog Frenchy Dutchy, la voyageuse Stéphanie donne plein de conseils de préparation pour un voyage réussi dans les rocheuses. http://www.frenchydutchy.com/fr/roadtrip-ouest-canadien-itineraire

Mon pense-bête

- ....
- ....
- ....
- ....
- ....
- ....
- ....

Envie d'autres destinations grands espaces ?
Envolez-vous pour les Rocheuses américaines, la steppe mongole ou l'Australie.

Mon voyage yoga et méditation en Inde

C'est où ?

L'Inde est un très grand pays, avec plusieurs villes majeures. Comptez environ 9 heures de vol avant d'atterrir à New Delhi ou Bombay depuis Paris, 12 heures (avec escale) pour Chennai.

Je pars combien de temps ?

Il y a seulement 3 heures 30 de décalage horaire avec Paris, vous pouvez donc partir 2 semaines. Le temps de vous ressourcer et de faire progresser vos postures !

Je vais faire quoi ?

Pour profiter à fond de votre voyage, mieux vaut être assez organisée et réserver à l'avance vos cours, activités ou retraites. Sinon, vous prenez le risque de vous retrouver dans des « attrape-touristes », loin du bien-être escompté ! Plusieurs solutions s'offrent à vous…

- Faire des recherches approfondies sur les écoles de yoga ou centres de méditation en vous fiant aux commentaires et suggestions d'autres voyageurs.
- Partir avec un professeur de yoga français qui propose des stages en Inde, ainsi, vous pourrez tester ses cours à l'avance pour voir s'ils vous conviennent.
- Vous tourner vers une agence comme Shanti Travel qui propose des destinations et des séjours orientés vers le yoga, la méditation, la médecine traditionnelle ayurvédique…

Pour le yoga et la méditation, vous trouverez des ashrams (lieux de retraite spirituelle où l'on reçoit un enseignement) partout dans le pays et notamment dans l'État de Goa, sur la côte ouest. Le Love Temple, à Arambol, ou le Little Cove Yoga Retreat de Goa, pourront vous accueillir. Des centres comme Nashik Vipassana proposent des retraites de méditation silencieuse de plusieurs jours. Pour les massages, le berceau de l'ayurveda se situe dans l'État du Kerala, au sud du pays.

La meilleure période pour partir

Le climat de ce pays très vaste varie beaucoup en fonction des lieux que vous visiterez. L'hiver (entre novembre et février) reste la saison la plus propice. Évitez les chaleurs intenses et la mousson d'avril à octobre.

Voyager en solo en Inde

L'Inde n'est pas le pays le plus facile pour une fille seule. Le choc culturel est souvent important, et les relations femmes-hommes peuvent être déroutantes. En tant qu'étrangère, vous serez scrutée, souvent de façon insistante. Évitez d'engager de longues conversations avec les hommes, voire signifiez rapidement que vous êtes mariée/fiancée, même si ce n'est pas le cas. Portez des tenues amples et longues qui masquent votre silhouette, évitez de vous promener seule de nuit et privilégiez les taxis officiels (souvent prépayés). Soyez vigilante, mais ne partez pas non plus avec la boule au ventre : plus vous serez à l'aise, moins vous serez remarquée.

En rejoignant un ashram pour des séances de yoga ou de méditation, vous serez amenée à rester au sein d'une petite communauté réunie dans cet objectif et serez moins confrontée à la foule et aux regards insistants.

Je dors où ?

La plupart des ashrams ou centres de yoga et méditation peuvent fournir un hébergement pour votre séjour.
Vous trouverez de nombreux logements, surtout à petits budget avec peu de standing : glissez un drap dans votre bagage pour être sûre de dormir sur une literie propre.

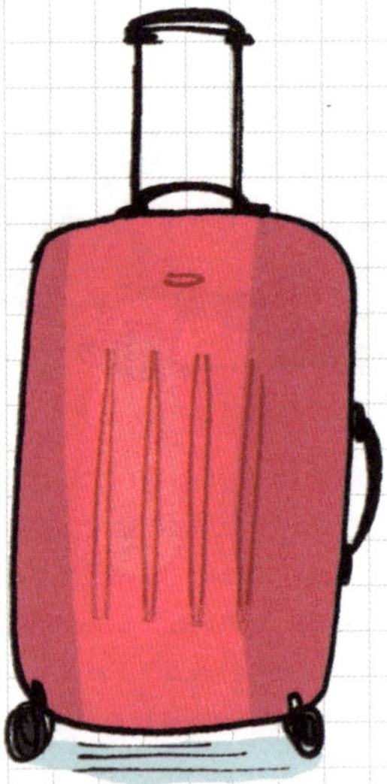

Dans ma valise

Même s'il fait chaud, vous ne serez pas amenée à montrer votre corps en Inde. Pour éviter les regards insistants, les vêtements amples sont recommandés. Mais faites-vous plaisir avec la couleur ! Sur la plage, la pudeur est de rigueur, à l'exception des plages super touristiques comme celles de l'État de Goa ou des plages privées.

J'emporte...

- des pantalons amples et des jupes longues,
- des t-shirts confortables qui couvrent les épaules
- des tuniques à manches trois quarts
- des sandales
- un foulard ou un paréo
- un t-shirt ou une casquette
- un maillot de bain

Pour le yoga :

- des pantalons de yoga près du corps
- des shorts
- des t-shirts ou brassières confortables
- un grand foulard ou paréo pour la relaxation
- un tissu léger pour recouvrir mon tapis de yoga

Prévoyez aussi de quoi combattre les coups de soleil et les piqûres de moustiques.

Formalités et visa

Votre passeport doit être valable encore pour au moins 6 mois après le retour et vous devez déposer une demande de visa touristique en ligne avant votre départ, au moins 1 semaine avant votre date d'arrivée. Le visa sera délivré à l'aéroport d'arrivée, sur présentation du document délivré lors de la demande. Il coûte une cinquantaine d'euros.

Money

En Inde, vous paierez en roupies et la plupart des transactions se font en espèces. Dans les villages reculés, vous ne trouverez pas de distributeurs automatiques.

Combien ça coûte?
- 1 euro vaut environ 76 roupies
- Une nuit d'hôtel pour une personne : environ 5 euros
- Un repas : autour de 2 euros
- Une semaine de stage de yoga en pension complète : à partir de 500 euros

Santé

Les vaccins habituels sont recommandés. Ne buvez jamais l'eau du robinet et faites attention aux légumes : les cas de tourista sont très fréquents en Inde.
Ne vous fiez pas aux médicaments ou préservatifs vendus sur place, qui peuvent être contrefaits, et emportez vos protections hygiéniques.

Les transports

L'avion et le bus seront les solutions les plus simples pour voyager à l'intérieur du pays. Ne vous aventurez pas dans la conduite : le Code de la route n'est pas respecté et les accidents sont fréquents.

Mon programme jusqu'au départ

- **J – 3 à 2 mois :** Je réserve mes billets et commence les recherches sur les ashrams.
- **J – 1 mois et demi :** Je réserve mes cours et mes hébergements si besoin.
- **J – 30 :** Je dépose ma demande de visa.
- **J – 15 :** Je prépare une check list de ce que je vais emporter et je prévois les achats si besoin.
- **J – 2 :** Je commence à préparer ma valise et m'occupe des achats de dernière minute.
- **Jour J :** C'est parti !

Elles ont voyagé en Inde

Lauren, du blog Visions d'ailleurs, a passé 5 semaines dans un ashram en faisant du yoga et de la méditation et donne de nombreux conseils : http://visionsdailleurs.com/ashram-sivananda-neyyar-dam-questions-reponses
La blogueuse Sarah a médité durant 10 jours en Inde, et raconte tout en détail ! http://www.leblogdesarah.com/blog-voyage/carnets-de-voyages/asie/inde/

Envie d'autres destinations « yoga et bien être » ?
D'autres pays d'Asie comme la Thaïlande ou l'Indonésie peuvent être de bons spots pour des cours de yoga. Plus proche, l'île grecque Leucade est aussi réputée pour ses stages de yoga.

Mon pense-bête

Mon voyage spirituel sur le chemin de Saint-Jacques

C'est où ?

À cheval entre la France et l'Espagne. Quatre points de départ classiques sont connus en France, qui déterminent chacun un itinéraire jusqu'à Puente la Reina en Espagne, puis Saint-Jacques-de-Compostelle : Paris, Vézelay (89), Le Puy-en-Velay (43) et Arles (13), à vous de choisir !

Je pars combien de temps ?

Tout dépend du temps que vous avez devant vous, de votre condition physique, de là où vous souhaitez débuter… Beaucoup de marcheuses partent un certain nombre de jours et voient où cela les mène. La plupart des marcheuses parcourent de 20 à 25 km par jour, mais allez-y à votre rythme.

Témoignage d'Alice, 26 ans

« Mes débuts sur le Chemin ont été très durs physiquement. J'en demandais beaucoup à mon corps, marchant trop de kilomètres par jour. Je testais mes limites. À ce moment-là, je ne le savais pas encore, mais je prenais conscience du fait que, si je voulais tenir dans la durée, je devais apprendre à m'écouter et à me ménager. Cette prise de conscience est la première d'une longue série qui ont eu lieu sur le Chemin. »

Je vais voir quoi ?

Le Chemin est un voyage particulier, car il ne s'agit pas réellement de visiter un endroit, mais de parcourir une longue distance en marchant.

Mon paysage intérieur

Au fil des jours et des kilomètres, vous allez mettre à l'épreuve votre corps, vos limites personnelles et votre endurance. Marcher durant plusieurs jours ou semaines demande d'être à l'écoute de son corps et bienveillante envers soi. Il faudra accepter ses forces et ses faiblesses. C'est, d'une certaine manière, une expérience de la douleur mais aussi de la satisfaction du chemin parcouru !

En étant seule, vous allez également vivre un voyage intérieur riche en enseignements. Vous allez pouvoir sonder vos désirs profonds et vos aspirations. En effet, les marcheuses sur le Chemin relatent souvent un moment où la marche devient mécanique, ce qui leur permet de se sentir plus proches de la nature environnante, plus connectées avec elles-mêmes et leurs besoins. C'est une forme de spiritualité qui peut venir compléter, pour celles qui le souhaitent, le cheminement religieux sur la trace des pèlerins.

Cette solitude sera contrebalancée par de multiples rencontres, pendant la marche ou durant les nuitées. Eh oui, vous ne serez pas seule sur le chemin ! Il existe même une sorte légende qui veut que le Chemin soit un espace privilégié pour les rencontres amoureuses… parce que les marcheurs sont justement connectés avec eux-mêmes et plus ouverts à leur environnement et aux autres ! De nombreux couples sont nés sur le Chemin, mais pas de panique, en tant que fille, vous ne serez pas la cible de dragueurs, et c'est peut-être justement pour ça que vous aurez moins de difficultés à aller vers les autres.

Les lieux à explorer

Pour récupérer des kilomètres parcourus, adieu soirées animées, bonjour étirements et sommeil ! Pour autant, vous serez amenée à traverser plusieurs régions de France et d'Espagne, profitant ainsi de très beaux paysages ruraux. Vous pouvez prendre le temps de visiter certaines villes, histoire de changer un peu votre quotidien de marcheuse : Arles et Le Puy-en-Velay sont de très jolies cités à visiter avant le départ. Sur le trajet, vous croiserez de nombreuses églises, cathédrales, abbayes… Arrêtez-vous dans celles de León ou Pampelune, par exemple. Du côté espagnol, profitez de la gastronomie locale, notamment à Logroño, la capitale de La Rioja, une communauté autonome.

La meilleure période pour partir

Le Chemin est très fréquenté en été, et les hébergements peuvent afficher complet. Pour être plus tranquille et avoir la météo avec vous, les mois de mai, juin et septembre sont conseillés.

Voyager en solo sur le chemin de Compostelle

Le chemin est très bien balisé (une coquille Saint-Jacques dorée sur fond bleu), il est donc impossible de se perdre ! D'autant que vous ne serez jamais vraiment seule, vous croiserez forcément d'autres marcheurs et marcheuses. Beaucoup de femmes seules entreprennent ce voyage et il y a très peu de cas de vols ou d'agression rapportés. Vous allez traverser un bon nombre de villages. Si vous avez peur des chiens, munissez-vous d'un bâton de marche pour les éloigner en cas de problème.

Formalités

Pour voyager en Espagne, vous avez simplement besoin d'une carte d'identité valide. Lorsque vous partez, vous pouvez vous procurer une accréditation, la « *credential* ». C'est un petit carnet que les pèlerins font tamponner à chaque étape du chemin, dans des refuges, églises, bistrots… en fonction du lieu. Ce document est nécessaire pour accéder aux refuges réservés aux marcheurs du Chemin, et permet parfois d'avoir une réduction dans des restaurants. Enfin, il est obligatoire de le présenter si vous souhaitez obtenir la « Compostela », un certificat à caractère spirituel délivré à Saint-Jacques-de-Compostelle, une fois le chemin accompli.

Je dors où ?

Si vous êtes fan de camping et bien équipée, vous pourrez camper assez facilement sur le Chemin. Mais cela pèsera son poids dans votre sac à dos !

Vous trouverez des gîtes ou auberges de pèlerins à chaque étape, qui vous accueilleront à moindre coût. Les marcheurs et marcheuses en solo y sont généralement prioritaires. Vous allez aussi croiser des « donativo » sur votre route, où vous pourrez dormir et manger à prix libre, à condition de participer aux tâches ménagères, comme la vaisselle.
Ces établissements sont souvent gérés par des bénévoles, donc ce ne sont pas des 4 étoiles ! Vous allez probablement croiser des lits inconfortables et des ronfleurs… Vous pouvez prévoir de dormir dans des hôtels plus confortables avant le départ et quelques nuits durant votre cheminement. Vous n'êtes pas obligée de tout vivre à la dure, promis.

Dans mon sac à dos

Bien réfléchir à ce que vous allez emporter est indispensable. Avec un maître mot : légèreté ! Vous allez porter votre sac toute la journée durant de longs kilomètres, le superflu n'a pas sa place dans ce voyage, mais vous serez amenée à laver votre linge chaque soir. Pour bien choisir votre sac à dos et sa contenance, ainsi que vos chaussures de marche, tournez-vous vers des professionnels.

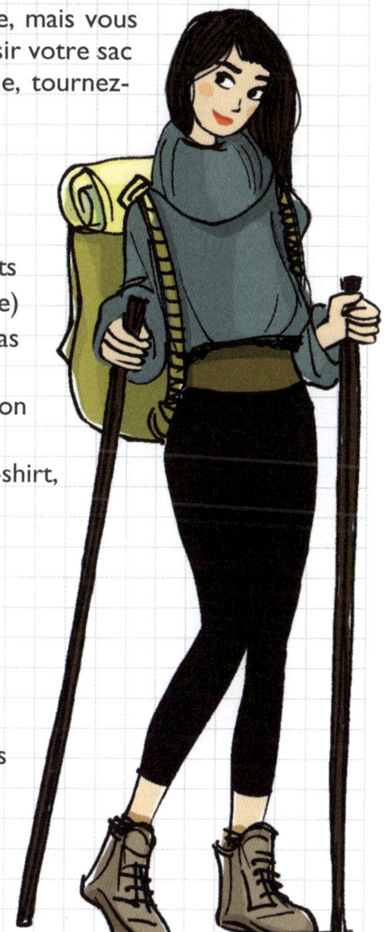

J'emporte...

- un pantalon et un short de randonnée
- deux t-shirts de randonnée
- deux soutiens-gorge de sport, prévus pour éviter les frottements
- quatre ou cinq culottes qui sèchent vite (matière synthétique)
- des chaussettes de marche dont les coutures ne font pas d'ampoules
- une polaire et un K-Way® (+ une doudoune compacte selon la saison)
- une tenue confortable pour le soir : pantalon ample, t-shirt, chaussettes, tongs ou claquettes
- un foulard
- une casquette
- des épingles pour attacher les vêtements humides au sac
- quelques pinces à linge
- des pansements (car vous aurez forcément des ampoules)
- des boules Quies®
- un savon ou de la lessive en poudre pour laver mes vêtements

Dans ma trousse de toilette....

Prenez de quoi soigner les ampoules et petits bobos (une préparation à base d'huiles essentielles de tea tree ou lavande vraie, par exemple, voir p. 59), ainsi que de quoi calmer les courbatures.

Combien ça coûte ?

- La *credential* : environ 5 euros
- Une bonne paire de chaussures de marche : à partir de 150 euros
- Une nuit dans un hébergement : entre 5 et 15 euros
- Un repas sur le Chemin : environ 8 euros
- Le trajet du retour : une centaine d'euros en avion

Money

Tout se paie en euros, c'est facile ! À part dans les petits villages, vous trouverez facilement des distributeurs.

Mon programme jusqu'au départ

- **J – 2 mois :** J'achète le fameux guide *Miam Miam Dodo*, qui répertorie tout ce qu'il faut savoir sur le Chemin. J'étudie mon itinéraire et je réserve le transport pour rejoindre mon point de départ.

- **J – 1 mois :** Je prépare une check list de ce dont j'ai besoin et fais les achats nécessaires.
- **J – 15 :** Je porte mes chaussures de marche régulièrement pour les casser.
- **J – 8 :** Je commence à faire mon sac et prévois les derniers achats.
- **J – 2 :** Si besoin, je rallie mon point de départ.
- **Jour J :** Chaussures aux pieds, je me lance !

Elles ont voyagé sur le chemin de Saint-Jacques

Marinette a marché sur le Chemin et interviewé des femmes qui l'ont parcouru en solo. https://www.youtube.com/watch?v=Ezy0PPfdESQ&t=7s

Sur le blog Hillwalk tours, Hélène donne ses meilleurs conseils pour partir en randonnée en solitaire: http://www.hillwalktours.fr/blog-randonnee/randonnee-en-solo-ou-comment-partir-seul

Mon pense-bête

- ………………………………………………
- ………………………………………………
- ………………………………………………
- ………………………………………………
- ………………………………………………
- ………………………………………………
- ………………………………………………

Envie d'autres destinations spirituelles ?
Envisagez un pèlerinage dans les temples bouddhistes en Asie du Sud-Est…

Mon voyage au bout du monde en Argentine

C'est où ?

Le deuxième plus grand pays d'Amérique du Sud, avec une immense côte sur l'océan Atlantique. Comptez au moins 14 heures de vol depuis Paris pour atterrir à Buenos Aires.

Je pars combien de temps ?

L'Argentine est un pays lointain avec 4 ou 5 heures de décalage horaire, selon la saison. Partez au moins 3 semaines pour profiter de l'immensité du pays.

Je vais voir quoi ?

Si vous aimez les paysages grandioses et très variés, les ambiances chaleureuses, les grands espaces… l'Argentine ne vous décevra pas.

Les merveilles à ne pas rater

À Buenos Aires, vous pourrez flâner, danser, boire de l'excellent vin local… le tout dans une ambiance détendue et joyeuse. Les quartiers historiques de San Telmo et de Palermo sont charmants et regorgent de cafés accueillants. Les grandes villes argentines sont festives et vivantes, même si elles peuvent paraître brouillonnes à nos yeux d'Occidentaux !

Pour en prendre plein la vue avant de descendre au sud du pays, vous pouvez prévoir un crochet par les spectaculaires **chutes d'Iguazú**, à la pointe nord-est, tout près du Brésil. Il est possible de visiter les chutes de nuit, au clair de lune, pour une expérience encore plus inoubliable.

En descendant vers le sud, impossible de passer à côté des glaciers, notamment celui de Perito Moreno près d'El Calafate. Gigantesque, il avance si rapidement que vous pourrez le voir et l'entendre bouger ! De nombreuses balades à cheval sont proposées dans cette région, pour découvrir ces grandes étendues.

Encore plus au sud, vous accéderez à la Terre de Feu, le bout du monde ! À Ushuaïa, vous ferez la rencontre de nombreux manchots et pourrez randonner au bord de la Laguna Esmeralda, un lac d'un vert étincelant, dans le parc national Terra de Fuego, ou jusqu'à l'estancia Tunnel, bien cachée à quelques kilomètres de la ville. Vous découvrirez des lieux bruts, façonnés par des conditions météorologiques rudes, à mille lieues de l'ambiance de Buenos Aires ou Córdoba.

D'ici, vous pourrez même embarquer pour une croisière direction l'Antarctique ou aller admirer les fjords constitués par les îles de l'archipel de la Terre de Feu, du côté chilien.

Les spots tendance et insolites

C'est à Buenos Aires que vous trouverez le plus d'endroits sympa et en vue, toujours dans une ambiance latino. La brocante du quartier San Telmo est un incontournable du dimanche, à compléter par une irrésistible glace dégustée chez Freddo (la communauté italienne est très

présente en Argentine). Pour sortir et danser, ou admirer les danseurs de tango, évitez les grandes places très en vue et touristiques et préférez les *milongas* que les locaux fréquentent, comme La Viruta ou Del Moran.
Toujours dans la capitale, suivez les graffitis sur les murs pour découvrir la ville. Avec une visite guidée, organisée par de jeunes artistes, vous en saurez encore plus. Pour rencontrer du monde, la Casa Saltshaker convie une dizaine de personnes qui ne se connaissent pas à partager un repas. Étonnant, non ?
Si vous êtes tentée par des escapades insolites, loin de la ferveur de la ville, tentez le train : depuis Salta, au nord du pays, il vous fera traverser les paysages lunaires des Andes jusqu'à plus de 4000 mètres d'altitude. À Esquel, un ancien train à vapeur avec wagons en bois parcourt (lentement) quelques kilomètres jusqu'au village indien de Nahuel Pan.

La meilleure période pour partir

L'Argentine se trouve dans l'hémisphère Sud, c'est donc l'été lorsque nous sommes en plein hiver. Idéal pour se ressourcer ! Si vous voulez vous aventurer à l'extrême sud en Patagonie, le plein été (de décembre à février chez nous) est recommandé pour ne pas avoir trop froid !

Voyager en solo en Argentine

L'Argentine est un pays plutôt sûr pour les voyageuses. La criminalité touche surtout les locaux, les touristes ne sont pas concernés, à condition de ne pas s'aventurer dans des quartiers mal famés. Les pickpockets sont nombreux, il faut donc garder un œil sur ses affaires. En ville, les voyageuses en solo sont assez peu ennuyées par des dragueurs trop pressants. En revanche, les chauffeurs de taxi sont très insistants et peuvent tenter de vous arnaquer en vous rendant la monnaie.
Dans les petites villes et villages, évitez de vous attarder seule de nuit. Ce n'est pas très sûr, mais les températures, très fraîches, ne vous y inciteront pas !

Témoignage de Lucie, sur le blog Voyages et vagabondages
« Pas une seule fois je ne me suis sentie en danger en Argentine et le pays m'a paru très sûr (…) Il faut avoir du bon sens, faire attention à ses affaires, ne pas montrer de signes de richesse, ne pas s'habiller de manière racoleuse, éviter de se faire remarquer, ne pas aller dans les lieux déconseillés, surtout seule la nuit, et prendre un taxi si nécessaire, faire attention à son verre en soirée… Bref, suivre les bases de la sécurité. »
http://voyagesetvagabondages.com/2014/06/argentine-bilan/

Je dors où ?

L'Argentine est un pays touristique où l'offre d'hébergements est fournie, du camping à l'hôtel de luxe. Vous trouverez donc facilement où dormir, selon votre budget, en ville comme à la campagne.
Les auberges de jeunesse y sont très répandues et de bonne qualité, souvent avec une déco très colorée, d'inspiration latino ou andine. Vous y trouverez des dortoirs réservés aux filles, comme à l'Hostel Soleil ou au Gilper Hostel de Buenos Aires, et parfois des chambres privées. Vous pourrez également dormir dans des *hospedaje* ou *residenciales*, où des particuliers louent plusieurs chambres aux voyageurs. Fiez-vous aux commentaires ou aux recommandations, car certains de ces hébergements à bas coût font aussi office d'hôtels de passe.

Envie d'insolite ? Vous pouvez dormir dans un *estancia*, un ranch traditionnel. Votre venue sera généralement accompagnée d'une balade à cheval et d'une dégustation de vin.

Dans ma valise

Ce sera l'été dans un pays chaud, oui mais… avec quelques visites sur des glaciers. Au choix, ce sera l'occasion d'embarquer toute votre garde-robe ou de relever le défi de faire entrer des vêtements d'été et des vêtements d'hiver dans un seul sac ! Prévoyez aussi que certaines soirées peuvent être fraîches dans les villes en altitude, donc pensez aux vêtements de mi-saison. Les Argentines font attention à leur apparence, faites-vous plaisir en emportant une jolie robe pour le soir.

J'emporte…

- des shorts, jupes, tops et robes d'été
- un petit gilet ou une veste pour le vent frais
- un ou deux pantalons pour les excursions sur les glaciers
- un ou deux pulls ou sweat chauds
- un manteau ou une parka pour le Sud du pays
- un foulard qui servira aussi d'écharpe
- un chapeau pour le soleil, un bonnet et des gants
- des baskets ou des chaussures de marche
- des sandales plates et confortables ou des tennis
- des tongs ou claquettes pour les hébergements, la piscine…
- un maillot de bain

Formalités et visa

Il suffit d'un passeport valide pour voyager en Argentine. Un visa touristique gratuit de 90 jours vous sera délivré à l'arrivée.

Money

Combien ça coûte ?
- 1 euro vaut environ 20 pesos argentins
- Une nuit d'hôtel pour une personne : à partir de 30 euros
- Une nuit dans un dortoir : à partir de 10 euros
- Un repas : environ 15 euros
- Un billet de bus grande ligne : à partir de 50 euros
- Une excursion à la journée : 30-60 euros

La monnaie locale est le peso argentin. L'Argentine est un des pays d'Amérique du Sud où la vie est la plus chère, bien qu'une grande partie de la population soit pauvre. Et les prix augmentent chaque année ! Difficile d'y voyager avec un budget riquiqui. Sur place, soyez vigilante : les tarifs sont souvent indiqués hors taxe.
Vous trouverez facilement des bureaux de change et des distributeurs en ville, plus difficilement dans les zones rurales. Et ne vous fiez surtout pas aux personnes qui vous proposent de changer de l'argent à la sauvette dans la rue : les arnaques sont très courantes.

Santé

Mieux vaut partir avec des vaccins à jour, un bon anti-moustiques et de la crème solaire. Côté hygiène féminine, vous devriez trouver serviettes et tampons en ville, mais prévoyez des stocks si vous partez à la campagne. Et munissez-vous de vos propres médicaments et préservatifs pour éviter les contrefaçons parfois vendues sur place.

Les transports

Les Argentins et les touristes empruntent majoritairement les lignes de bus, fiables, confortables et très nombreuses. Vous en croiserez des dizaines sur la route ! C'est aussi meilleur marché que l'avion, qui peut toutefois être une option pour avaler des kilomètres rapidement.
Ne comptez pas trop sur le train pour voyager efficacement, il existe assez peu de lignes, très lentes et peu fiables. Louer une voiture est également déconseillé en solo, d'une part parce que le Code de la route n'est pas toujours respecté, d'autre part parce que le carburant est très cher.

Mon programme jusqu'au départ

- **J – 3 à 2 mois :** Je réserve mes billets pour Buenos Aires.
- **J – 2 mois :** Je me procure un guide de voyage, je prépare mon itinéraire, je réserve mes nuits d'hôtel et mes moyens de transport.
- **J – 1 mois :** Je peaufine mon itinéraire, par exemple en réservant certaines excursions.

- **J – 15 :** Je prépare une check list de ce que je vais emporter et je prévois les achats si besoin.
- **J – 2 :** Je commence à préparer ma valise et m'occupe des achats de dernière minute.
- **Jour J :** C'est parti ! À moi l'aventure !

Elles ont voyagé en Argentine !

Adeline, du blog Voyages, etc., raconte son émotion face au glacier Perito Moreno : http://www.voyagesetc.fr/carnets-de-voyages/amerique/argentine

Aurélie, du blog Ailleurs sur Terre, raconte son coup de cœur pour Buenos Aires : http://ailleurssurterre.blogspot.fr/2014/05/me-gusta-buenos-aires-argentina.html

Mon pense-bête

- ....
- ....
- ....
- ....
- ....
- ....
- ....
- ....
- ....
- ....
- ....
- ....

Envie d'autres destinations bout du monde ?
Envolez-vous pour l'Alaska, ou encore pour la Russie : en prenant le célèbre Transsibérien, vous traverserez la Sibérie et arriverez à Vladivostok, bout du monde garanti !

Carnet d'adresses

Instagram : les comptes de voyageuses solo à suivre

@teacaketravels
@madebymaider
@loiseaurose
@decouverte_monde_travelblog
@technomade
@voyagesetc
@vvagabondages

Les Bibles du voyage en solo

Solo Traveler World (en anglais) : www.solotravelerworld.com
Journey Woman (en anglais) : www.journeywoman.com

Les blogs de voyageuses solo à suivre

L'Oiseau rose : www.oiseaurose.com
Esprit d'aventure : www.espritdaventure.me
Petites Bulles d'Ailleurs : www.petitesbullesdailleurs.fr
Taxi Brousse : www.taxibrousse.ca
Voyages etc. : www.voyagesetc.fr
Madame Oreille : www.madame-oreille.com
Le blog de Sarah : www.leblogdesarah.com
Graine de voyageuse : www.grainedevoyageuse.fr
La fille voyage : www.lafillevoyage.com
L'aventurière fauchée : www.laventurierefauchee.com
Un peu d'aventure : www.unpeudaventure.com
Voyages et vagabondages : www.voyagesetvagabondages.com
Ailleurs sur Terre : www.ailleurssurterre.blogspot.fr
Un trek une fille : www.untrekunefille.fr

Sites utiles

Pour signaler votre voyage au ministère des Affaires étrangères : www.pastel.diplomatie.gouv.fr/fildariane/dyn/public/login.html

Pour vous renseigner sur les destinations et la sécurité : www.diplomatie.gouv.fr/fr/conseils-aux-voyageurs/conseils-par-pays et www.visionofhumanity.org/indexes/global-peace-index/

En cas de vol ou d'agression : www.diplomatie.gouv.fr/IMG/pdf/guide_etre_victime_a_l_etranger_cle4e5fe5.pdf

Bibliographie

Ouvrages

Le Voyage pour les filles qui ont peur de tout, Ariane Arpin-Delorme et Marie-Julie Gagnon, Michel Lafon, 2015.
L'Incapacité d'être seul. Essai sur l'amour, la solitude et les addictions, Catherine Audibert, Petite Bibliothèque Payot, 2016.
Oser. Thérapie de la confiance en soi, Frédéric Fanget, Odile Jacob, 2006.
La Rupture amoureuse, Lisa Letessier, Odile Jacob, 2014.
Le Best of 2017 de Lonely Planet, ouvrage collectif, Lonely Planet, 2016.
Kiss, Bow or Shake Hands, Terri Morrison et Wayne A. Conaway, Adams Media, 2006.

Conseils photo pour les voyageurs, Aurélie Amiot, Eyrolles, 2013.
Review argentique, La Fille Renne, autoédité, 2017.

Ebooks et tutos

L'Art de voyager seule quand on est une femme, Aude Mermillod : www.artdevoyagerseule.com/livre
Le Guide du photographe voyageur, Fred Marie : www.destination-reportage.com
Pourquoi voyager seul ? Les 12 raisons pour lesquelles le voyage en solo transforme votre personnalité et change votre vie, Michael Pinatton : www.traverserlafrontiere.com
Partir à l'étranger sans se ruiner, Michael Pinatton : www.traverserlafrontiere.com

Posts de blog

Conseils de voyageuses solo : www.voyagesetc.fr/conseils-de-voyageuse-solo-fille-pour-filles
20 destinations pour voyager seule : www.leseclaireuses.com/bien-etre/20-destinations-pour-voyager-seule.html
Voyage zéro déchet : www.luizzati.com/single-post/2017/01/11/COMMENT-VOYAGER-ZERO-DECHET
Pourquoi j'aime voyager seule : www.lilikus.be/2016/07/pourquoi-jaime-voyager-seule.html
Conseils auto-stop : www.littlegypsy.fr/astuce-faire-de-le-lauto-stop
Conseils photos : www.oiseaurose.com/2012/10/17/conseils-pour-vos-photos-de-voyages
Conseils blog : www.ontheroad-again.com/conseils-de-voyage/creer-son-blog-de-voyage
Conseils Burning Man : www.lespauline.com/burningman-2015-conseils

Remerciements

Un grand merci aux éditions Solar d'avoir renouvelé leur confiance pour me permettre d'écrire ce livre, ainsi qu'à Juliette Collonge pour m'avoir accompagnée dans ce projet.
Merci également aux voyageuses qui ont partagé avec moi leurs voyages en solitaire et leurs astuces : Caroline, Céleste, Marianne, Charlotte, Aveline, Tiphaine, Marie, Lucie, Salomé, Alice, Charlène, Magali, Élodie, Laurie, Sonia, Sarah, Juliette, Claire, Émilie, Lara et Déborah.
Et merci à mes parents de ne pas trop flipper quand je pars en vadrouille toute seule !

MON CAHIER MINCEUR
MON CAHIER MINCEUR
MON CAHIER MINCEUR
MON CAHIER MA GROSSESSE ET MOI
MON CAHIER MON BÉBÉ ET MOI
MON CAHIER VENTRE PLAT
SPÉCIAL HOMMES
MON CAHIER VENTRE PLAT
MON CAHIER LA DRAGUE ET MOI
MON CAHIER LE SEXE ET MOI
MON CAHIER 100% ANTI-ÂGE
MON CAHIER DÉTOX
MON CAHIER YOGA
MON CAHIER RUNNING
MON CAHIER ABDOS-FESSIERS
MON CAHIER VEGGIE
MON CAHIER MON DRESSING IDÉAL
MON CAHIER BRÛLE-GRAISSE
MON CAHIER PENSÉE POSITIVE
MON CAHIER ANTI-STRESS
MON CAHIER FORME ET MINCEUR APRÈS BÉBÉ
MON CAHIER RÉGIME PALÉO
MON CAHIER PILATES
MON CAHIER BEAUTÉ
MON CAHIER DIGITAL DÉTOX
MON CAHIER STOP AU SUCRE
MON CAHIER SANS GLUTEN
MON CAHIER FITNESS
MON CAHIER MINCIR AVEC LA MÉDECINE CHINOISE
MON CAHIER YOGA DÉTOX
MON CAHIER AQUAFITNESS
MON CAHIER AYURVEDA
MON CAHIER 2018
MY LIFE IS BEAUTIFUL
MON CAHIER 2018
MY LIFE IS GREEN
HUILES ESSENTIELLES & PLANTES

MON CAHIER BEACH BODY
SISSY
PRÉPAREZ-VOUS EN MODE ÉTÉ !
MON CAHIER GREEN DÉTOX
BOOSTEZ-VOUS AVEC LES GREEN SMOOTHIES ET LES JUS VERTS !
MON CAHIER BODY TRAINING
MON CAHIER RÉGIME TOUT CRU
MON CAHIER MÉDITATION
BOOSTEZ VOTRE ESPRIT ET VOTRE BIEN-ÊTRE !
MON CAHIER HUILES ESSENTIELLES
MON CAHIER FITPUNCH
MON CAHIER MON CHAT & MOI
POUR VIVRE HEUREUX À DEUX !
MON CAHIER RANGEMENT FEEL GOOD
MON CAHIER TRAIL RUNNING
MON CAHIER YOGA MÉDITATION
MON CAHIER SOFT FITNESS
MON CAHIER BODY MINCEUR
MON CAHIER HAIR BEAUTY
MON CAHIER JOLIE PEAU
POUR UN TEINT FRAIS ET RADIEUX
MON CAHIER FITNESS FOOD
MON CAHIER DANSE PILATES
MON CAHIER HYGGE HAPPY THÉRAPIE
MON CAHIER YOGA SCULPT
MON CAHIER TATOUAGE
MON CAHIER YOGA FLOW
MON CAHIER OBSTACLE TRAINING
MON CAHIER SUPER-ORGANISÉE
MON CAHIER PERFECT TIMING
MON CAHIER BULLET AGENDA
MON CAHIER MINCEUR ZÉRO SUCRE
MON CAHIER MON BULLET AGENDA LE CARNET
MON CAHIER MINCEUR HEALTHY
MON CAHIER MINCEUR ZÉRO SUCRE
MON CAHIER STOP SMOKING
POUR ARRÊTER DE FUMER SANS GROSSIR !

LES BEAUTIFUL GIRLS,
C'EST TOUTE UNE COMMUNAUTÉ !

Retrouvez plein de bonus, de conseils feel good,
des recettes, des trainings,
et des actus tendance **MADE BY MON CAHIER !**

Un lieu rien que pour vous :
http://mylifeisbeautiful.fr/

Une communauté de filles stylées :
VOUS DÉCHIREZ
mylifeisbeautiful.fr mylifeisbeautiful.fr

Direction : Jean-Louis-Hocq
Direction éditoriale : Suyapa Hammje
Directrice de collection : Juliette Collonge
Édition : Gwladys Greusard
Conception et mise en couleur de la couverture : Stéphanie Brepson
Mise en pages : Nord Compo
Fabrication : Céline Premel-Cabic

MIXTE
Papier issu de sources responsables
FSC® C003309

ISBN : 978-2-263-15324-2
Code éditeur : S15324
Dépôt légal : mars 2018
Imprimé en France par ime by estimprim

HarmonieSolar
harmonie_solar

mylifeisbeautiful.fr
mylifeisbeautiful.fr

http://www.mylifeisbeautiful.fr/

Solar | un département **place des éditeurs**

place des éditeurs